Colección Filosofía y Teoría Políticas

dirigida por Fabián Ludueña Romandini

*La pregunta por el sentido de la política,
su alcance, su tradición y sus posibilidades
ha sido fundamental en las más diversas culturas.
La presente colección busca interrogarse sobre
el fenómeno de lo político atendiendo a
la pluralidad de perspectivas históricas y escuelas
teóricas. En igual medida, la política se encuentra
en asiduo contacto con otros saberes y prácticas
de cuya variedad también se querrá dar cuenta.
En la línea del legado de Hannah Arendt,
se trata de que los libros vayan tejiendo la trama
de investigaciones que, al mismo tiempo,
permita pensar en un nuevo mundo público común
frente a los desafíos crecientes de la política global
en el presente siglo.*

Miguel Ángel Rossi

LECCIONES SOBRE LA

Política

DE ARISTÓTELES
Libros I, III y VI

MIÑO y DÁVILA
◆ E D I T O R E S ◆

Edición: Primera. Septiembre de 2018

ISBN: 978-84-17133-39-9

Código IBIC: JPA [Ciencias políticas y teoría]; HPS [Filosofía social y política]
Código Thema: JPA [Ciencias políticas y teoría]; QDTS [Filosofía social y política]; QDHA [Filosofía Antigua]

© 2018, Miño y Dávila srl / Miño y Dávila editores sl

Armado y composición: Laura Bono
Diseño: Gerardo Miño

MIÑO y DÁVILA
◆ E D I T O R E S ◆

Página web: www.minoydavila.com

Mail producción: produccion@minoydavila.com
Mail administración: info@minoydavila.com

Dirección: Miño y Dávila s.r.l.
Tacuarí 540. Tel. (+54 11) 4331-1565
(C1071AAL), Buenos Aires, Argentina.

Índice

Prólogo

por Patricio Tierno[1]

U n prólogo y un libro acerca de un clásico se parecen por ser especies diversas de la crítica. El carácter ulterior y tangencial del primero se distingue del abordaje consciente e inmediato del segundo, pero ambos coinciden en su intención interpretativa fundamental. Sin embargo, y afortunadamente, la oportunidad del libro a ser alumbrado no depende de la eventual y por lo general dudosa felicidad de las páginas que lo preceden, convirtiendo al prólogo en un ejercicio en cierto modo irresponsable y extraño a la nueva publicación. Aun así, estas breves páginas preliminares se proponen permanecer fieles al destino editorial que les ha tocado y, al mismo tiempo, saludar con justicia las *Lecciones sobre la Política de Aristóteles. Libros I, III y VI*, escritas por el profesor Miguel Rossi.

La tarea encarada por las *Lecciones* no carece de dificultades: se trata de examinar y transitar por un medio textual denso, rico en pasajes e inserciones problemáticas, laxo en sus transiciones y reiteraciones y transmitido desde la época clásica a lo largo de veinticinco siglos en copias de manuscritos que, con suerte variada, lo han reproducido en el griego antiguo original. Pese a todo lo adverso que pueda resultar la *Política* de Aristóteles, la estrategia de apropiación se muestra tan inteligente como sagaz; sin

---

[1] Patricio Tierno es Licenciando en Ciencia Política, Universidad de Buenos Aires. Dr. en Ciencia Política por la Universidad de San Pablo (Brasil). Docente e Investigador en dicha Casa de Estudios. Especialista en Teoría Política Clásica.

dejarse aprisionar por la etimología y las cuestiones filológicas o la más restrictiva matriz histórica y cultural en que surgió un determinado modo de pensamiento, Aristóteles es leído en una clave hermenéutica amplia que lo atrae hacia nuestro propio horizonte temporal, lo restablece en su situación de época y lo urge interlocutor de los deseos y dilemas de la contemporaneidad.

Privilegiando la dimensión teórica del tratado sobre "las cosas políticas", a saber, los libros I, III y VI (el último de ellos figura, a rigor, como libro IV en la edición canónica que del *corpus* sobreviviente efectuara Andrónico de Rodas aún durante el helenismo) en los que se exponen los fundamentos materiales y formales de la ciudad, del ciudadano y de la constitución política, esa estrategia de recepción y actualización es ejecutada con vocación artesanal, acometida por un análisis orgánico e iluminada por las rápidas intuiciones que destellan en la comprensión y en el comentario lateral. Hecho de asimilaciones parciales, porque en la naturaleza imperfecta del texto reside el secreto de su complejidad desentrañada, el desdoblamiento hermenéutico repone, ágil y recurrente, algunos de los sentidos más arraigados de esa tradición de discurso que se reconoce a sí misma en el pensamiento político occidental y que tiene en Aristóteles unos de los precursores de nuestro vocabulario conceptual.

Antes de encarar esa tarea ardua y sinuosa, Miguel Rossi cree haber dado con las tres intenciones centrales de la *Política*, lo que, sin dudas, impresiona también por el acierto de erigirlas en instancias claves de la lectura. No son menos atinadas las revelaciones que arroja semejante proceso de traducción. En primer lugar, provoca la emergencia de la *praxis* política ateniense, la posibilidad de su captación, en la medida que aquélla es vertida en la teoría política y nombrada al ritmo conciso de una prosa filosófica. En segundo lugar, apela a la pregunta por el mejor régimen, por el mejor ideal de vida y de organización común, siempre esquiva a una respuesta unívoca y que, no obstante, ya reclamaba para los antiguos griegos una imperiosa explicación. Y, en su tercera y consecuente atribución manifiesta, llama en definitiva a la prefiguración del autor, a la propuesta que subyace a las eternas aporías de la filosofía política en el conjunto de la reflexión, la *politeia* o constitución intermediaria –mezcla de dispositivos

institucionales y sociales, mediación ética de los sectores mode-
rados de una ciudadanía inclusiva y excluyente– que se ofrece
como alternativa viable y expone el núcleo de una intervención
intelectual:

> ...no vacilaríamos en afirmar, no sin cierto riesgo, que para Aristó-
> teles el mejor régimen es la *politeia*, justamente por reunir aspec-
> tos luminosos de la democracia y la oligarquía y devenir, así, en
> una aristocracia del estamento medio, pero con la particularidad
> más que relevante, como la apuesta aristotélica en mayúscula, de
> consolidar un *ethos* ciudadano amplio y fuerte, y dar también una
> posible respuesta al problema acuciante de la *stasis*, problema
> resumido en la tensión y el conflicto entre ricos y pobres.[2]

En el juicio inicial de quien arriesga conexiones de sentido
entre ideas y conceptos se evidencia, además de una orientación pedagógica que vigila al lector a partir del momento en que
ingresa en la diacronía argumentativa, el afán acaso más ambi-
cioso de entregar, por medio de ese movimiento dialéctico de
acompañamiento y significación, una interpretación plausible.
El hecho interpretativo es preciso y de alcance vasto, cotejado
permanentemente con los escritos éticos y metafísicos del pensador, y fundado a la postre en una visión estructural que, si no
me equivoco, refleja la específica concepción que de la política
supo forjar Aristóteles. De ese modo, el primer capítulo de las
Lecciones, dedicado al Libro I de la *Política*, gesta los lineamientos
básicos de una teoría de las comunidades y de la génesis, composición y *telos* de la comunidad política, en cuyo decurso se cifra la
naturaleza del ser humano que las habita y del todo comunitario y
sus partes funcionales que comprenden el gobierno propiamente
político y la administración económica y familiar.

En el capítulo subsiguiente, los comentarios discuten, a la par
de la progresiva construcción lingüística de la terminología, la
definición del ciudadano, así como, cabría añadir, la ubicua noción de constitución y la tipología de los regímenes políticos que
se deriva de la concepción primera de la *polis*. Dado que el fin de
la ciudad se realiza en el buen vivir humano en tanto que bien
común, la determinación de quién puede ser ciudadano y, por

---

2   Ver *infra*, p. 14.

consiguiente, participar de la asamblea en el ejercicio del poder se resuelve en la forma constitucional de acuerdo con la cual serán trazados los límites del espacio en que se disputan los principios rivales de justicia y la extensión del gobierno de las leyes con respecto al ámbito particular de deliberación. La aporía del sujeto de gobierno tensiona, empero, la pretensiones de igualdad absoluta o de mayor desigualdad; por eso, finalmente, el tercer acto del estudio razona la necesidad de pensar la temática sociológica de la pluralidad de grupos y variedad de regímenes empíricos corroborando, a través de la opción por una vía abierta para la inclusión de las mayorías, el acceso a la constitución de la *politeia* de la clase media capaz de reconciliar el *ethos* de la virtud que debe guiar la *praxis* política –la acción de cada ciudadano– con la estabilidad requerida por la democracia en razón de la diferenciación social.

El análisis que Miguel Rossi despliega en su libro (y que estas palabras intentaron sintetizar libres y en segunda interpretación) es más que mera destreza. Se iguala, en cambio, al desciframiento de las razones que no sólo rehabilitan la teoría política de Aristóteles en el presente, sino que la revisten de actualidad. En efecto, las lecciones de su pensamiento se equiparan a los comentarios que, dotando de pleno sentido y familiaridad a los pasajes transcriptos, identifican temas y problemas que nos son afines. Gracias a esa operación que ya fue calificada de traducción, de inteligencia hermenéutica, la teleología que anima la generación natural de la *polis* es vista como principio motor en la consecución de la buena vida que la ciencia política, *episteme* práctica en grado sumo, ha de inculcar a mujeres y hombres mediante la educación, esto es, por las costumbres y la legislación. Aquí la política en cuanto conocimiento que se aplica a la dirección intelectual y pedagógica de las potencialidades de la acción humana recobra su función primordial. Por un lado, con relación a la ética, a la que incorpora y con la cual se funde, a sabiendas de que el proceso deliberativo que concluye en la elección es la referencia normativa del deseo y el *ethos* de la colectividad. Por otro lado, además, subordinando a la economía, puesto que jamás sus determinantes, ni siquiera en estos tiempos en los que el discurso económico parecería ser el criterio biológico y último de decisión de toda administración reglamentada y toda excepción, pueden obliterar la aspiración al bien superior cuya excelencia, tanto para cada cual como para quienes viven juntos y practican las virtudes, descansa en aquello que se nombra, ejercita y contempla en la felicidad.

La política es dicha de muchas maneras y la *Política* de Aristóteles es la que nos opone su recuperación. Hoy, procede del espíritu de docencia de alguien que no quiso ni pudo renunciar a un generoso esfuerzo de comprensión significativa. Más que basta con ello para dar cuenta de esa inagotable fuente de la tradición y conferirle a la teoría política y a Aristóteles, que la condujo a disciplina consciente en la época clásica, una percepción especial:

> ...aquella que vincula conceptualmente a la política con la esfera pública, y que en la actualidad se orienta en la búsqueda de una esfera pública mucho más amplia y heterogénea, lo cual, indudablemente, resulta una tarea de la más noble praxis política.[3]

Restará al lector, por su vez intérprete de un texto que se sobrepone a otro texto, interrogarse e interrogar lo que hacemos con el espejo que ahora tiene entre manos y que le devuelve antiguos modos y una distinta imagen de sí.

San Pablo, junio de 2018.

---

3   Ver *infra*, pp. 135-136.

Introducción

La intención de este breve escrito tiene por objetivo ahondar en los tópicos centrales del libro I, III y VI de la *Política*, libros que han potenciado y nutrido al pensamiento Occidental hasta nuestros días, y que hacen de Aristóteles, sumando que es el clásico más visitado de todas las épocas, un interlocutor vívido de nuestra contemporaneidad. De ahí el gran potencial hermenéutico del Estagirita que siempre se ofrece como una fuente inagotable de sentidos que sólo pueden cobrar vida a partir de los diferentes horizontes epocales.

Por lo antedicho, nos orientamos por un abordaje hermenéutico que asume el cuidado de no incurrir en ciertos anacronismos que violenten el pensamiento de nuestro filósofo o posibiliten un vaciamiento histórico de ciertas categorías teóricas que sólo puedan ser comprendidas en la singularidad de su propia especificidad socio-histórica, pero al mismo tiempo que advierte, también, el terreno fértil de esos mismos anacronismos habida cuenta de que somos hablados por tradiciones que nos constituyen. De ahí la paradoja o la incomodidad que supone todo pensar que intenta atrapar desde el presente el dinamismo de lo clásico. Sólo a modo de ejemplo bastaría señalar que cuando el Estagirita está pensando la problemática de la crematística, infinitamente lejos está de percibir cierta aproximación con la lógica de las corporaciones económicas contemporáneas, pero también es cierto que el que preanuncia por primera vez la tensión entre la política y la crematística con una rigurosidad teórica que nos atraviesa ha sido Aristóteles, y que el fundamento de seguir apostando por una visión que convierte a la política y lo político como la praxis del *buen vivir*, es una aspiración central a la que no debemos renunciar si no claudicamos en construir un mundo más humano y justo.

Otro aspecto importante, conectado con lo anterior, tiene que ver con el reservorio categorial con que cuenta cada tradición discursiva, y que muchos de los términos que se acunaron en los albores de la *polis* clásica (democracia, ley, gobierno, etcétera) continúan formando parte de nuestro universo teórico, si bien con muchas referencias de sentidos ajenas al universo griego.

Cuando se recorre las páginas de la *Política*, es digno de observar en el Estagirita tanto una dimensión descriptiva como prescriptiva e incluso performativa, que a veces resultan fáciles de distinguir y otras tantas puede constituir una ardua tarea. Al menos tres intenciones nodales se alojan en la *Política*. En primer lugar, el filósofo describe cómo era la práctica política concreta del mundo griego, especialmente en Atenas.[4] En segundo lugar, Aristóteles desplegó con su decir una actitud que tensiona dos posiciones teóricas presentes en el propio pensamiento del Estagirita. Vale decir, si por un lado asumió la preocupación platónica en lo que refiere a indagar en el mejor régimen y la mejor ciudad en términos absolutos, por otro lado, relativizó su preocupación por la mejor forma de gobierno ideal, asumiendo el desafío de pensar cuál sería el mejor régimen posible habida cuenta que el gran tema que le preocupaba era la problemática de la gobernabilidad. Es en tal sentido que creemos que para el Estagirita lo posible termina siendo siempre lo mejor. De ahí toda la importancia que le otorga a la *politeia*, al punto que no vacilaríamos en afirmar, no sin cierto riesgo, que para Aristóteles el mejor régimen es la *politeia*, justamente por reunir aspectos luminosos de la democracia y la oligarquía y devenir, así, en una aristocracia del estamento medio, pero con la particularidad más que relevante, como la apuesta aristotélica en mayúscula, de consolidar un *ethos* ciudadano amplio y fuerte, y dar también una posible

---

4   No obstante, no hay que olvidar que las constituciones del Liceo están presentes en la información fáctica que aparecen en la *Política*, especialmente en el Libro V.

respuesta al problema acuciante de la *stasis*, problema resumido en la tensión y el conflicto entre ricos y pobres.

Haciéndonos cargo de estos posicionamientos teóricos aristotélicos es que decidimos abocarnos a los libros I, III y VI de la *Política*, pues sin desmedro de los otros libros, nos ofrecen tres cuestiones esenciales. En lo que respecta al libro I, la posibilidad de reflexionar acerca de la comunidad política articulada a la comunidad doméstica, y los presupuestos axiológicos de tal articulación. Sin duda alguna, en el libro I la especulación filosófica alcanza su mayor plenitud si por filosofía entendemos la posibilidad de visualizar una cosmovisión en juego que anude ciertas dimensiones constitutivas, como la metafísica, la física, la ética y la política.

En lo que respecta al libro III, profundizar en una teoría de la ciudadanía y cotejar, tal como afirma Wolf, que Aristóteles agrega un tercer criterio para la definición de constitución y régimen político, basado en pensar a aquellos desde el lugar de la ciudadanía, siendo la asamblea y el tribunal las magistraturas principales, y ligado a esto, la relevancia de una teoría de la acción y la deliberación.

Finalmente, en lo que atañe al libro VI, reflexionar acerca de la relevancia que Aristóteles le asigna a la estabilidad (gobernabilidad) y el potencial de la *politeia* y su anudamiento ético, político e incluso económico. Por ende, no es casual que Aristóteles consagre el término medio como el corazón de su ética y que en la *Política*, obra que podría entenderse como el programa que sigue a la ética –cuestión clara en el último capítulo de la *Ética Nicomaquea*–, haga coincidir el término medio con el estamento medio.

Ahora bien, tras lo dicho, y antes de abocarnos a nuestro trabajo, resulta imperioso explicitar algunas cuestiones que clarifican el modo en el que abordaremos nuestros objetivos.

La primera de ellas radica en la elección de la edición de la *Política* con la que trabajaremos. Se trata de la edición bilingüe con traducción de Julián Marias y María Araujo. Dicha elección se debe a la rigurosidad de tal traducción que, además, cuenta con una excelente introducción y notas del propio Julián Marias. Es muy importante aclarar que el criterio que sigue nuestra edición para la clasificación de los libros de la *Política* es el de Newman.

En lo propios términos de Julián Marias: "Esta edición de Newman (...) es un instrumento de trabajo inapreciable. A ella nos hemos atenido para el texto griego de la presente edición, base de nuestra traducción española" (LXV). De modo que nuestra edición ha seguido tal ordenamiento. La justificación de Julián Marías obedece a un criterio que deja de lado el problema filológico y la historia del texto y atiende más a un ordenamiento de las preocupaciones primarias de Aristóteles. En palabras del académico:

> La interpretación que antes he expuesto de la política (se refiere a las tradiciones que confluyen en la *política*) y de su tradición intelectual refuerza enérgicamente las ventajas de este orden, porque muestra que Aristóteles, que parte de un problema estrictamente filosófico, va a ir a parar, a través de la construcción de una politeia según las normas de los tratadistas contemporáneos, a la cuestión que verdaderamente le importa: la realidad efectiva de la polis y la seguridad o aspháleia de los regímenes. (XLII)[5]

La segunda cuestión tiene que ver con nuestro propio método para abordar la *Política*. Asumimos un criterio diacrónico en cada libro a partir del análisis de las citas que creemos más representativas de los mismos y que más han inspirado a la tradición Occidental. Por otro lado, dicha diacronía respeta también las reiteraciones de ciertos tópicos que se repiten en los libros de *Política*. Un ejemplo de ello puede observarse en el tema de la esclavitud; incluso a veces Aristóteles repite tal tópico trabajado anteriormente en pos de volver a enfatizar en la importancia del tema, o de vincular al mismo con otra constelación teórica. Otro aspecto que consideramos relevante consignar en esta observación acerca del método que utilizamos para el desarrollo de nuestro trabajo, hace hincapié en la visión que el Estagirita tiene acerca de las prácticas sociales y de los regímenes políticos, pero renunciando a especificidades históricas o historiográficas que puedan corroborar las afirmaciones aristotélicas. Por último, los aportes de importantes estudiosos del pensador griego y filósofos representativos fueron consignados como notas a pie de página, pero tienen la pretensión de que sean leído como un subtexto.

---

5   Resta decir que la edición comentada de Newman es: W. L. Newman. *The Politics of Aristotle* (4 vols., Oxford, 1887-1902)

La tercera cuestión es que hemos complementado las citas de la *Política* con algunos pasajes de otros escritos aristotélicos. Ello obedeció, por una parte, en aquello que anteriormente sostuvimos en relación al último capítulo de la *Ética* y, por otra, porque dichos pasajes contribuyeron a arrojar todavía más claridad sobre los parágrafos de la *Política*.

Por último, nos parece pertinente cristalizar nuestra intención didáctica en lo que respecta a un texto que tuvo por inspiración las clases de Teoría Política y Social I desarrolladas en la Facultad de Ciencias Sociales, carrera de Ciencia Política de la Universidad de Buenos Aires. De ahí también la selección de muchos pasajes de la fuente primaria que son un camino insoslayable para la formación de nuestros estudiantes.

A todos mis alumnos y alumnas, al igual que a mis queridas y queridos integrantes de la Cátedra, dedico estas humildes páginas.

Comentarios al Libro I

ristóteles inicia el libro I de la *Política* puntualizando que:

Vemos que toda ciudad es una comunidad, y que toda comunidad está constituida en vista de algún bien, porque los hombres siempre actúan mirando a lo que le parece bueno;[6] y si todas tienden a algún bien, es evidente que más que ninguna, y al bien más principal, la principal entre todas y que comprende todas las demás, a saber, la llamada ciudad y comunidad civil[7] (*Pol.* I, 1, 1252a).

---

6   Al respecto Thiebaut sostiene: "Así, por tanto, hablar del bien es hablar del fin (*telos*) de la acción, y ello implica diferenciar sus formas y, al hacerlo, adoptar aquellos puntos de vista específicos desde los que esa diferencia pueden ser percibida (...) Si frente a Platón sugerimos que la racionalidad práctica no era la racionalidad teórica –sin ser, por ello, una racionalidad de tono menor– debemos ahora indagar de qué forma la racionalidad práctica no es racionalidad técnica –sin que por ello sea una racionalidad inoperante– y, para hacerlo, consideremos la teoría aristotélica del bien como una teoría de la acción" (Thiebaut, 1988: 108).

7   La definición aristotélica de *polis* está más cerca de la definición hegeliana de «Estado político» al indicar un "todo", un entero, una suerte de totalidad. Por algo Hegel tradujo el término griego *polis* como *Staat*, siguiendo así una tendencia frecuente en las primeras traducciones alemanas de la *Política* (Schlosser, 1798; Garve, 1799). Sin embargo, cabe aclarar que el Estado hegeliano constituye un todo en cuanto síntesis de "familia" y "sociedad civil", mientras que la *polis* aristotélica estructura un todo al ser conformada por un conjunto de muchas familias o grupos de familias (las "aldeas") sin que ello implique a la "sociedad civil" del mundo moderno. En este sentido, la síntesis tan mentada por Hegel no se efectuó acabadamente en la Modernidad, razón por la cual el Estado –lejos de ser un todo– sólo es una parte

La cita precedente permite enfatizar al menos cinco aspectos claves. En primer lugar, la afirmación aristotélica de que toda ciudad es una comunidad, cuestión que no implica que toda comunidad sea considerada una ciudad. Desde esta perspectiva, bien podría señalarse que la comunidad es la dimensión más simple de la intersubjetividad humana y emerge allí con los diferentes vínculos que se gestan en el ámbito doméstico. Por otro lado, al mismo tiempo que la comunidad es la unidad más simple, es también la dimensión más genérica. En este sentido es posible sostener, utilizando categorías aristotélicas que no están explicitadas en el pasaje, pero que colaboran con el objetivo de profundizar en la cosmovisión del filósofo, que la ciudad (existencia más compleja que llega a la autarquía) pertenece como género a la comunidad, siendo su diferencia específica la politicidad, además de la sociabilidad, rasgo este común a todas las comunidades, aun cuando para Aristóteles haya distintos tipos y grados de sociabilidad.

En segundo lugar cabe señalar la referencia que aparece acerca del primado de la acción vinculada al bien, sobre todo al *Bien Supremo*,[8] elemento que en la *Política* y en la *Ética*, Aristóteles identifica con la felicidad y el buen vivir. Por ello el Estagirita va a decir, con respecto a las acciones humanas, principal objeto de la *episteme* práctica, que es la esfera que depende exclusivamente del animal humano. De hecho, ha sido el propio pensador el primero en desarrollar de forma lograda y sistemática una teoría de la acción que hoy podríamos denominar "colectiva". Desde esta perspectiva es que las experiencias generadas en la asamblea han constituido un material insoslayable para Aristóteles que le permitieron ahondar en el fuerte vínculo entre la deliberación[9]

---

de la sociedad, contrapuesta a la sociedad civil, caracterizado –como bien indicó Max Weber– por el "monopolio de la fuerza física legítima" (Berti, 2012: 23).

8 Para una mayor profundización en lo que atañe a la noción de *Bien Supremo*, es más que interesante el texto de Hardie, quien ahonda en la ética aristotélica a partir del interrogante de si *el Bien Supremo o Final* puede considerarse un bien inclusivo de la vida humana. Al respecto, dicho comentador sostiene: "Argumenté que la doctrina del Aristóteles del bien final humano está viciada porque ese bien ha sido concebido como dominante y no inclusivo..." (Hardie, 2010: 51; traducción nuestra).

9 Precisemos los rasgos esenciales con lo que el Estagirita describe a la deliberación: "Deliberamos, entonces, sobre lo que está en nuestro poder y es

colectiva y la decisión orientadas para el filósofo al ejercicio de esclarecer las mejores acciones posibles y realizarlas siendo los sujetos activos los propios ciudadanos. Esto constituye el terreno específico de la *praxis*. Claro que todos estos presupuestos son susceptibles en una perspectiva del deber ser. Nótese, además, que el propio concepto de virtud (*areté*) presupone el despliegue de una acción que es capaz de actualizar la esencia humana, algo que para Aristóteles estriba en el ejercicio de la vida racional, y que en el caso de la vida política, de la praxis política, estaría atravesada por un saber que también es un hacer, de hecho, un *saber hacer* pero situado desde la acción (*praxis*) y no desde la producción (*poiesis*), si bien la producción no deja de ser un aspecto importante para la eficacia política en lo que refiere, por ejemplo, a la producción de armamentos.[10]

---

realizable, y eso es lo que resta por mencionar" (*EN*, III, 3, 1112 a). Vale decir, aquello que depende de nosotros puede resignificarse desde la idea de autarquía, justamente lo que depende de nosotros son nuestras acciones y, al mismo tiempo, Aristóteles remarca el carácter de factibilidad, concretamente el terreno de lo posible. De hecho, Aristóteles excluye de la deliberación, ejercicio centrado en la *phrónesis* como racionalidad práctica, tanto a los locos como a los necios.

"La deliberación tiene lugar, pues, acerca de cosas que suceden la mayoría de las veces de cierta manera, pero cuyo desenlace no es claro y de aquellas en que es indeterminado. Y llamamos a ciertos consejeros en materia de importancia, porque no estamos convencidos de poseer la adecuada información para hacer un buen diagnóstico" (*EN*, III, 3, 1112b).

10   Sin duda alguna ha sido Gadamer uno de los primeros pensadores que mejor ha distinguido el ámbito de la acción del ámbito de la producción, es decir, el ámbito de la *phrónesis* del de la *poiesis*. En una cita clave el pensador alemán sostuvo: "Es completamente evidente que el hombre no dispone de sí mismo como el artesano dispone de la materia con la que trabaja. No puede producirse a sí mismo igual que puede producir otras cosas. En consecuencia, el saber que tenga de sí mismo en su ser moral será distinto, y se destacará claramente del saber que guía un determinado producir. Aristóteles formula esta diferencia de un modo audaz y único, llamando a este saber un saberse, esto es, un saber que es. De este modo el saberse de la conciencia moral se destaca del saber teórico de un modo que para nosotros resulta particularmente iluminador" (Gadamer, 1991: 387-388). Como puede observarse, Gadamer, siguiendo a Aristóteles, no sólo distingue el ámbito de la *praxis* de la *poiesis*, consecuentemente, también, diferencia la *episteme* práctica de la *episteme* productiva y la teórica y, en tal sentido, el único saber que transforma radicalmente al hombre es el que se vincula con la *phrónesis*, esto es, con el ámbito de las acciones humanas. No obstante, es dable tomar en consideración que el problema que genera la hermenéutica de Gadamer es la de unificar *episteme* práctica (ciencia) y *phrónesis* (prudencia) pues,

Por otro lado, Aristóteles parece evidenciar, en lo que atañe al ámbito específico de los asuntos humanos, es decir, de la *praxis* humana, ciertas falencias teóricas de los abordajes de la época (de su propia época), pues como bien observa Osvaldo Guariglia (1997; especialmente en el capítulo 2), el terreno de la división de los saberes era un tópico de discusión en la academia platónica de la cual Aristóteles participaba. Justificando lo antedicho, el filósofo sostiene:

> Pues bien, como nuestros antecesores han dejado sin investigar lo referente a la legislación, quizá será mejor que lo examinemos nosotros, y en general la materia concerniente a las constituciones, a fin de que podamos completar, en la medida de lo posible, la filosofía de las cosas humanas. (*EN* 9, 1181b)

En tercer lugar, la afirmación de que la comunidad política presupone el grado máximo de autarquía implica que sólo en ésta se pueda realizar el máximo bien que, tal como trabajaremos más adelante, es la felicidad o el *buen vivir*. Obsérvese, además, cómo la referencia a la *evidencia* presente en el parágrafo que venimos trabajando asume cierto carácter de experiencia inmediata por el sólo hecho de que todos los hombres cotejan y experimentan que sólo en la *polis* es posible alcanzar las mayores potencialidades humanas. Pero lo interesante es que dicha evidencia ligada al sentido común se traduce y justifica, también, en el terreno del pensamiento reflexivo del Estagirita, algo que resulta una constante en su decir. En otros términos, el Estagirita considera como un aspecto central de la filosofía el hecho de poder dar cuenta con sólidos fundamentos lo que resulta relativamente obvio. Así, a diferencia de Platón que descalifica el terreno de la *doxa*,[11] el Estagirita parte de las opiniones comunes, analizándolas, comparándolas, convencido de que todo saber debe partir de ellas. En suma, no habría una contraposición al menos de derecho entre

---

como veremos más adelante, ambas dimensiones son distinguibles para el Estagirita, tal como bien lo explicita Berti.

11 Si bien no cabe duda de que Platón descalifica a la *doxa* en sentido categórico, no es menos cierto que en algunas ocasiones el filósofo ateniense sostiene que la *doxa* puede ser un disparador para iniciar el proceso dialéctico vinculado a la reminiscencia. Desde esta perspectiva puede considerarse a la *doxa* como un "cierto saber", pero del cual no podemos dar razones.

filosofía y sentido común; más bien de lo que se trataría es de justificar racionalmente el terreno de la *doxa*, siempre y cuando ello sea posible. De este modo no quedan dudas de que las diversas opiniones en juego constituyen un material valioso del cual el análisis debe partir.

En cuarto lugar, acentuando en el fragmento que venimos trabajando en aquella parte que reza *que los hombres deben actuar mirando a lo que le parece bueno,* puede encontrarse cierta relativización de la impronta socrática,[12] la cual no disocia la ética de la gnoseología.[13] Para Platón, el mismo hecho de contemplar la idea del bien hace enteramente éticos a los hombres, en cambio para Aristóteles se trata de fundamentar una racionalidad práctica deliberativa, pues sólo a partir de la deliberación logramos desentrañar aquellas acciones que parezcan las mejores, incluso dependiendo del momento y las circunstancias, pero asumiendo siempre un carácter de plausibilidad que nos alejaría, en cierto sentido, de una noción de bien tan determinante y absoluta como la platónica. Por consiguiente, la noción de bien aristotélica se jugaría en una dimensión mucho más laxa que la platónica, pero no por ello menos central.[14]

En quinto y último lugar, habría que remarcar un aspecto ineludible del pensamiento de Aristóteles que lo separarán del de su maestro, en tanto en el Estagirita se distingue muy bien a aquellos que se dedican a la *episteme* práctica de aquellos que

---

12   Es interesante vincular la problemática de actuar en vista de lo que parece bueno con el problema de la *akrasia* que, en términos aristotélicos, podría definirse en sentido laxo como el hacer lo que se sabe errado. Profundizando en esta categoría, Richard Robinson (2010: 65-83) indaga en qué medida la ética aristotélica rompe con la ética gnsoeológica socrática.

13   Al respecto, Christof Rapp argumenta que la noción aristotélica del término medio como aspecto nodal de la ética aristotélica puede resultar atractiva para la teoría ética moderna, en tanto la definición aristotélica de virtud relativiza el intelectualismo socrático, pues el actuar moral, según Aristóteles, parecería depender mucho menos de teorías con fuerte anclaje metafísico como la platónica, y también contrarresta la actitud hostil a la emoción tal como es definida la virtud por el estoicismo. Así, Aristóteles se aproximaría más a algunas convicciones importantes del sentido común, como, por ejemplo, que el buen vivir necesita ser placentero y que la virtud no nos inmuniza contra la mala fortuna (Rapp, 2010: 405).

14   Para profundizar en dicha problemática, se recomienda el interesante texto de Martha Nussbaum, *La fragilidad del bien* (2003).

asumen el ejercicio de la ciudadanía. Es decir, que los actores políticos siempre son los propios ciudadanos y que éstos nunca están desprovistos de un saber o de un tipo instrucción en dicho campo basado en la *phrónesis,* pero al que hay que distinguir de la ciencia práctica. Por ende, valiéndonos de un anacronismo, los "cientístas políticos" (aquellos dedicados a la *episteme politiké*) tendrían como objeto de estudio a las acciones de los ciudadanos. Pero del lado del saber ciudadano el Estagirita afirma en un profundo y bello pasaje:

> ...cada uno juzga bien aquello que conoce, y de eso es un buen juez; de cada cosa particular el instruido en ella, y de una manera absoluta el instruido en todo. Por esta razón, el joven no es discípulo apropiado para la política, ya que no tiene experiencia de las acciones de la vida, y la política se apoya en ellas y sobre ellas versa; además, por dejarse llevar de sus sentimientos, aprenderá en vano y sin provecho, puesto que el fin de la política no es el conocimiento (*gnosis*) sino la acción (*praxis*); y es indiferente que sea joven en edad o de carácter, pues el defecto no está en el tiempo, sino en vivir y procurar todas las cosas de acuerdo con la pasión. Para tales personas, el conocimiento resulta inútil, como para los intemperantes; en cambio, para los que encauzan sus deseos y acciones según la razón, el saber acerca de estas cosas será muy provechoso. (*EN* 1094b27-1095a11)

Para el Estagirita el fin de la política no es el conocimiento como finalidad en sí mismo –como sí lo es en la *episteme* teórica propia, por ejemplo, de las matemáticas, en donde además el talento de algunos jóvenes no está excluido–, sino la concreción de las buenas acciones, siendo éstas realizables cuando la razón impera sobre las pasiones. Así se entiende la acotación acerca de que no se trata de entender a la juventud sólo en un sentido temporal, pues muchos hombres adultos también se manejan por puras pasiones

Siguiendo con nuestra diacronía del libro I, vayamos a otro fragmento de capital relevancia de la *Política* en el que magistralmente se precisa, en parte, qué entiende Aristóteles por gobierno político, al que contrapone con otras formas de poder:

> No tienen razón, por tanto, los que creen que es lo mismo ser gobernante de una ciudad, rey, administrador de su casa o amo de

sus esclavos, pensando que difieren entre sí por el mayor o menor número de subordinados, y no específicamente; que el que ejerce su autoridad sobre pocos es amo, el que la ejerce sobre más, administrador de su casa, y el que sobre más aun, gobernante o rey. Para ellos en nada difiere una casa grande de una ciudad pequeña, y en cuanto al gobernante y el rey, cuando la potestad es personal, el que la ejerce es rey; y cuando, según las normas de la ciencia política, alternativamente manda y obedece, es gobernante. (*Pol.* I, 1, 1252a)

Como bien clarifica el pasaje, no se trata de un criterio cuantitativo lo que justifica la diferencia, por ejemplo, entre una aldea y una ciudad, en tanto Aristóteles da a entender, extremando el argumento, que aun la equiparación en términos numéricos de una casa grande (aldea) y una ciudad pequeña no anularía las diferencias.[15] Se comprende entonces que el criterio de distinción estriba en una cuestión cualitativa. Por ello no es casual que el filósofo apele a las normas de la ciencia política (*episteme* práctica) para poner el acento en la figura del gobernante y en el criterio de simetría. Como se notará, si bien Aristóteles desarrolla en la *Política* los distintos caracteres de los regímenes políticos –tanto en sus formas puras como impuras–, daría la impresión que la especificidad de la ciencia política consiste en versar sobre los regímenes políticos en los que la ciudadanía ocupa un lugar central, como son, por caso, la *politeia* y la democracia. En otros términos, si el acento está puesto en la alternancia del par gobernante/gobernado, tal alternancia presupone la constitución de una *esfera pública* posible en la aristocracia –por más restringida que ésta sea– pero ampliada fuertemente en la *politeia* y en la democracia. Por ende, estos son los regímenes políticos en los que la especulación teórica aristotélica llega a su máxima expresión, cuestión que se confirma muy bien por la gran valoración

---

15 "Aquí, Aristóteles presupone que la familia y la ciudad deben tener un jefe, alguien que mande: el administrador o amo en el caso de la familia y el rey o el político en el caso de la ciudad. Y puntualiza, sin duda en abierta polémica con Platón, que la diferencia entre familia y ciudad no es de cantidad, sino de especie; se trata de sociedades de distintas especies o clases, por lo cual también existen diferencias entre quien gobierna la familia y quien gobierna la ciudad. Enseguida veremos que gran parte de la crítica de Aristóteles al pensamiento de Platón puede resumirse en esta acusación de haber concebido la ciudad como una gran familia y, por tanto, de haber confundido dos sociedades específicamente distintas" (Berti, 2012: 24-25).

que el filósofo le asigna a la *politeia* al entenderla como el mejor régimen político posible.[16]

Con Aristóteles se inicia una tradición teórica que deja en claro que la anulación del espacio público consiste en la abolición de la política misma, dado que ésta no puede ser comprendida en términos domésticos o sanguíneos. De ahí la figura de la amistad (*philía*) que, como bien señala Eggers Lan,[17] hay que interpretarla como el vecino, es decir, como aquél que no está situado en la esfera sanguínea.[18] De modo que la aldea, que presupone una organización y administración específica, tampoco puede ser objeto de la Ciencia Política, dado que carece de dimensión pública.

Paso seguido de la última cita transcripta, Aristóteles introduce la cuestión del método puntualizando que toda ciencia debe

---

16 "En realidad, Aristóteles no admite ninguna continuidad entre la familia y la ciudad, y considera el reino una forma de gobierno más parecida a la de la familia, donde el jefe «ejerce la autoridad por sí mismo», a título personal, que a la de la ciudad, donde el gobernante ejerce la autoridad «según las normas» de la ciencia política, con vistas a alcanzar el bien común y con alternancia de gobernantes, para que todos participen en el gobierno" (Berti, 2012: 26).

17 "De hecho, lo que se procuraba con la sustitución de la relación interfamiliar por la interrelación familiar (jurídica o políticamente, se entiende, ya que por supuesto, los lazos familiares no podían ser anulados por decretos) era el establecimiento o predominio de una autoridad política por sobre la autoridad familiar o tribal. (...) Dice Field, a propósito de las medidas de Solón y de sus sucesores contra el predominio tribal: 'el individuo fue reconocido como unidad legal, aparte de su clan. Por primera vez se estableció el derecho de cualquier ciudadano a iniciar acción legal contra un criminal, en lugar de que este fuera, como hasta entonces, prerrogativa exclusiva de la familia o del clan de la persona justificada. De este modo, el ciudadano comenzó a mirar directamente al Estado en busca de justicia y protección, en lugar de ser un elemento dependiente de la unidad más pequeña'" (Eggers Lan, 1996: 32). La cita que Eggers realiza de Field puede encontrarse en: Field, 1948: 80.

18 "En la amistad propia de la comunidad política se pone más el acento en la reciprocidad, la solidaridad, el respeto mutuo y la concordia, las cuales pueden darse entre personas que no son afines y entre hombres que se reconocen entre sí como buenos, tal como se expone ampliamente en el *Fedro* y también en el Lysias (214-215). Como aclara Aristóteles, el tipo de amistad del que él habla, solamente implica '*buena voluntad recíproca de uno hacia el otro*' y redondea rotundamente el asunto diciendo: '*Concordia es la amistad política*' (*EN* 1167b1). Resulta claro que este tipo de amistad política es un atributo propio, específico y hasta exclusivo de la democracia" (Miguens, 2001: 138).

poseer uno.[19] En ese marco, remarca la necesidad de que el método aborde necesariamente la dimensión ontológica del *todo*. De
esta forma, Aristóteles sostendrá que si la ciudad se comprende
como una totalidad en donde las partes se interrelacionan, se
deberá dividir en consecuencia ese compuesto hasta llegar a las
unidades mínimas de esa totalidad. Asimismo, pone el acento en
la observación que atañe a la dimensión diacrónica de las cosas
y en el proceso analítico que va de lo más simple a lo más com-
plejo, ya que sólo así es factible alcanzar la visión más clara sobre el objeto de estudio. Sobre esto cabe señalar cierta similitud
de fondo con el pensamiento de Descartes[20] en lo que respecta
al vínculo entre claridad y evidencia. Sin embargo, a diferencia
del filósofo francés, Aristóteles considera como aspecto central
del método la observación empírica de las cosas. Es por ello que
parte de su realismo guarda relación directa con tal afirmación.
Sumado a ello, como todo pensador antiguo, Aristóteles sostiene
que no hay ningún impedimento para que el pensamiento capte
la esencia de la realidad, pues la evidencia no se encuentra en la
certeza del *cogito* ligado a la existencia del yo[21] –primera verdad
sostenida por la Modernidad–, sino en la facultades humanas y su
vinculación con los grados de conocimiento cuyo punto de partida

---

19 Para una mayor profundización de la cuestión del método en Aristóteles,
    se recomienda el excelente texto de Francisco Somaranch Kirner, *El Saber
    del deseo* (1999).

20 Las diferencias entre Aristóteles y Descartes son innumerables al punto
    de no ser del todo sostenible tal comparación. No obstante, la alusión a
    ambos pensadores se sustentó en intentar mostrar cómo la cuestión del
    método no es sólo una cuestión de la Modernidad, al tiempo que así como
    Descartes, y todo pensador moderno de ese horizonte epocal, como es por
    caso Hobbes, sustentaron la creencia de que el conocimiento debería partir
    de cero, desconfiando especialmente de la tradición, el Estagirita, en cambio,
    para alcanzar la evidencia y claridad parte justamente de todas las opiniones
    explicitadas hasta su propio presente, las compara, observa el grado de
    plausibilidad de cada una, su grado de racionalidad, para luego ofrecer su
    propia postura.

21 Es interesante observar, como bien señala Hegel en la *Filosofía del derecho*,
    que el axioma del mundo moderno es el individuo que, a nivel gnoseológico,
    encuentra expresión en Descartes y a nivel político en el contractualismo
    moderno –más allá de las variantes presentes en sus distintos represen-
    tantes–, ya que resulta claro que en el *estado de naturaleza* previo al pacto
    rige la lógica individual, pues incluso los que celebran el contrato no dejan
    de ser las voluntades individuales.

son las sensaciones y también la potencia del lenguaje, captando así la esencia del todo y de sus respectivas partes.

Asimismo, si bien por lo dicho en torno al método que propone Aristóteles podría pensarse, y no sin razón, cierta hegemonía del paradigma organicista típico de la biología –área de estudio también asumida por el pensador, especialmente cuando tiene que comprender la génesis de la *polis*–, no es menos cierto que el Estagirita tiene claridad magistral para indicar la importancia de que el método sea acorde al objeto, sobre todo si entendemos que el objeto de estudio de la *episteme* práctica son las acciones humanas. Razón por la cual el filósofo afirma:

> ...todo lo que se diga de las acciones debe decirse en esquema y no con rigurosa precisión; ya dijimos al principio que se ha de tratar en cada caso según la materia, y en lo relativo a las acciones y a la conveniencia no hay nada establecido, como tampoco en lo que se refiere a la salud. Y si la exposición general ha de ser de esta naturaleza, con mayor razón carecerá de precisión la de lo particular, que no cae bajo el dominio de ningún arte ni precepto, sino que los mismos que actúan tienen que considerar siempre lo que es oportuno, como ocurre también en el arte de la medicina y en el del piloto. (*EN* II, 2, 1104a1-9)

Acentuando nuevamente en el desarrollo o proceso por el cual llegamos a la ciudad, aparece un significante primordial en el decir aristotélico que responde tanto al paradigma antiguo como al medieval y al moderno, a saber, el de *naturaleza* (*fisis*).[22] En el

---

22   Es fundamental observar cómo la noción de naturaleza del mundo antiguo opera desde el registro ontológico de la desigualdad, por tanto, no es casual que Platón defina a la justicia desde el registro natural en que cada estamento realiza lo que corresponde según su naturaleza específica y critique a la democracia como régimen antinatural; en el caso de Aristóteles ello sucede para distinguir, por ejemplo, al hombre de la mujer y al amo del esclavo. Asimismo, suele decirse que en la Modernidad naturaleza se mueve en la arena de la igualdad, y es justamente la igualdad la que provoca la posibilidad de la guerra potencial o real de *todos contra todos,* algo que en el *Leviatán* de Hobbes se cristaliza muy bien. Sobre este punto creemos que tal registro estaba ya presente en el contexto del Renacimiento y la Reforma Protestante. De hecho, no es accidental que Lutero sostenga que todos los hombres son sacerdotes y que Moro prevea en su *Utopía* una jornada laboral diaria de seis horas. Todo ello implica una fuerte antropología del *fuero íntimo* y el *fuero externo*, observable, por ejemplo, en la explicitación de la conciencia como espacio al que un fuerte poder coercitivo no puede llegar. Recién con Hegel es que se hará fuertemente presente la contraposi-

caso específico de Aristóteles y el de la perspectiva hegemónica del mundo antiguo, la naturaleza encierra una dimensión *teleológica* indudable, pues Aristóteles explicita que la *naturaleza no hace nada en vano*. De este modo, es ella la que establecerá las similitudes y las diferencias entre las partes de la ciudad.

> En primer lugar, se unen de modo necesario los que no pueden existir el uno sin el otro, como la hembra y el macho para la generación (y esto no en virtud de una decisión, sino de la misma manera que los demás animales y plantas, que de un modo natural aspiran a dejar tras sí otros semejantes), y el que por naturaleza manda y el súbdito, para seguridad suya. En efecto, el que es capaz de prever con la mente es naturalmente jefe y señor por naturaleza, y el que puede ejecutar con su cuerpo esas previsiones es súbdito y esclavo por naturaleza; por eso el señor y el esclavo tienen los mismos intereses. (*Pol.* I, 2, 1252a)

Ahora bien, tras la cita es posible subrayar varios aspectos. En primer término, Aristóteles muestra que la naturaleza en su conjunto está organizada jerárquicamente y supone, por tanto, niveles y funciones de organización en que el nivel superior asume las funciones específicas del nivel anterior. Pero lo interesante de recalcar es cómo en el ser humano hay un registro natural que, al igual que las plantas y los animales, está supeditado a la necesidad biológica en un sentido fuerte (nutrición, procreación, sensación) y, al mismo tiempo, que es la propia naturaleza humana la que alcanza el plano de la libertad. De manera que lo humano aparece como habitante de dos mundos: el de la necesidad (ligada a la dimensión biológica por excelencia) y el de la libertad especialmente situada en el terreno de lo ético y lo político.[23] En esta misma línea, y más allá que en la cita no utilice tal categoría, es relevante destacar el énfasis que el Estagirita pone en la categoría de especie vinculada con las nociones de trascendencia y de eter-

---

ción entre *naturaleza* y *Espíritu (cultura)*, de ahí la imposibilidad de mentar *derechos naturales* e, incluso, pensar lo humano y su constitución desde una otredad cultural, es decir, el sujeto como relación y no como sustancia.

23   Tal visión de lo humano como habitante de dos mundos encuentra una fuerte representación en el pensamiento de Kant, tanto la dimensión fenoménica vinculada a la naturaleza y la determinación como la dimensión *nouménica* relacionada con la libertad y la conciencia moral.

nidad. Asegurada por la diversidad de las especies del mundo de la vida, tal aspiración de la naturaleza hacia la eternidad no está desprovista de una impronta metafísica indudablemente situada en las antípodas del mecanicismo moderno.[24, 25]

En segundo término, será la naturaleza la que distinga también entre hembra (esposa) y esclavo, señalándose así en consecuencia que tal diferencia no es posible en los pueblos bárbaros dado que no *tienen el elemento que mande por naturaleza.*[26]

---

24 En una nota a pie de página de un interesante escrito, Patricio Tierno puntualiza: "Mentemos, en otro orden de cosas, la postura fija de Aristóteles en lo relativo a la perpetuidad de las especies. Un individuo particular puede ser definido únicamente en virtud de su pertenencia a una clase o especie determinada (*eídos*). Esta idea de una tendencia natural a la preservación de la especie tiene sus precursores, entre los que descuella Platón (*Banq.* 206e-207d, apud Wolff, 1999: 54-55). Otros textos del corpus remiten a la misma idea: cf. *De An.* 415a27 y ss. y *GA* 731b23-35 y ss" (Tierno, 2007: 127, n. 27).

25 Con respecto al mecanicismo moderno en contraposición a la teleología natural de la antigüedad, los interlocutores claros de tales cosmovisiones antagónicas son Aristóteles y Hobbes. No obstante, no hay que perder de vista que la Modernidad, especialmente a partir del siglo XVIII, no pierde como relevante la dimensión teleológica, prueba de ello es la relevancia que le otorga Kant a tal noción en su *Crítica del Juicio,* y lo central de tal noción para la Filosofía de la Historia de la cual Hegel será uno de sus máximos exponentes.

26 Al respecto, Wolf (1999) ahonda en la diferencia entre el esclavo y la mujer en las comunidades griegas para explicitar, siguiendo al Estagirita, tres tipos de poder: 1) el ejercido sobre libres e iguales vinculado al poder del marido sobre la mujer –razón por la cual se referencia como poder político–; 2) el poder ejercido sobre seres no libres –referenciado como poder despótico–; 3) el que se ejerce sobre libres y desiguales entre padres e hijos –vinculado al poder regio–. En lo que estrictamente refiere al vínculo entre el hombre y la mujer podría decirse que para Aristóteles habría una diferencia de grado, pero no de naturaleza, en tanto la mujer también contaría con la facultad deliberativa, si bien Aristóteles sostiene que por naturaleza el hombre está dotado para mandar y la mujer para obedecer. Es decir, no se cumpliría el criterio de simetría. Con respecto al esclavo, Aristóteles, en cambio, manifiesta que aquel carece de la facultad deliberativa, a diferencia de la mujer, quien sí la posee, aunque aplicada al terreno doméstico y no a la esfera pública. Asimismo, también es claro que Aristóteles piensa la relación hombre mujer como una relación posible de extrapolar al plano político, básicamente a un tipo de régimen político: la aristocracia. Por otro lado, no hay que olvidar que la casa forma parte de la *polis* y, por tanto, debe regirse por sus leyes generales. Sin duda alguna la tragedia de *Antígona* muestra muy bien la profunda tensión que puede darse entre las leyes domésticas y las leyes políticas, razón por la cual se habla de tragedia, pero en el paradigma aristotélico la casa forma parte de la *polis.* También en este punto

En este punto cabe volver sobre nuestros pasos y ahondar en la justificación de la esclavitud que es, con seguridad, uno de los aspectos más álgidos y controversiales del pensamiento del filósofo. Si bien es cierto que profundizar en tal cuestión excedería los alcances de este escrito, acotemos tal temática simplemente a lo expresado en este pasaje, pues Aristóteles volverá sobre tal problemática en páginas ulteriores del mismo libro I de la *Política*. Al respecto, dos ideas en juego operan con mucha nitidez: la diferenciación entre mente (alma) y cuerpo; y la idea de que el amo y el esclavo tienen los mismos intereses.

En lo que atañe al primer aspecto, es sugerente observar que tal diferenciación se hace muy visible, aunque no sólo en ella, en la conformación e interés de la *episteme* productiva, pues el que es portador de tal ciencia es aquél que posee el saber conceptual, el *logos* pleno y no necesariamente quien ejecuta el trabajo que puede ser el esclavo.

En relación a la segunda dimensión, el criterio que utiliza Aristóteles es un criterio pragmático de utilidad, que responde a un fuerte esencialismo, es decir, lo que conviene a la realización de la naturaleza de cada quien. Por eso arguye que lo que más le conviene al esclavo es estar sometido al amo. Como veremos más adelante, al sostener que amo y esclavo tienen los mismos intereses, el filósofo no le resta al esclavo cierto principio de humanidad.

A partir de lo expuesto, Aristóteles concluye que estos tres tipos de vínculos constituyen la casa, es decir, la dimensión do-

---

es relevante contrarrestar cierta hermenéutica moderna que comprende la realidad desde ámbitos escindidos. En este punto no perdamos de vista que Aristóteles no conoce las escisiones de la Modernidad, pues si bien distingue fuertemente el ámbito doméstico del público, no por ello pierde de vista –y en tal sentido, dicha postura será de gran influencia para Hegel– que la casa es un momento indispensable y no suprimible del Estado. Por otro lado, es posible que la perspectiva de Aristóteles sobre la mujer se potencie en su confrontación con el Platón de la *República*. Tengamos presente que, para el modelo platónico, puede haber guardianas tanto como guardianes, dejando entrever incluso que entre el hombre y la mujer existe una diferencia de grado y no de esencia, claro que, dependiendo de determinados diálogos. Al respecto, y más allá de la singularidad platónica con respecto a la existencia de guardianas, es posible que tal propuesta se inscriba en el hecho de que Platón está retomando un fenómeno de su época, a saber, el creciente protagonismo de la mujer, algo que aparece muy claro en la tragedia, que además, el filósofo ateniense buscar convertir en *Paideia.*

méstica por excelencia. Sin embargo, insiste que estos lazos ya son comunitarios de por sí; claro que ello lo expresa al tener en mente, sobre todo, a las familias aristocráticas, dado que muchas familias carecían de esclavos, si bien la posesión de aquellos no se limitaba sólo a los ricos.

Avanzando en nuestro comentario, vayamos ahora a una célebre cita aristotélica de la cual han brotado ríos de tinta:

> Por tanto, la comunidad constituida naturalmente para la satisfacción de las necesidades cotidianas es la casa, (...); y la primera comunidad constituida por varias casas en vista de las necesidades no cotidianas es la aldea, que en su forma más natural aparece como una colonia de la casa: algunos llaman a sus miembros "hijos de la misma leche" e "hijos de hijos". Esta es también la razón de que al principio las ciudades fueran gobernadas por reyes, como todavía hoy los bárbaros: resultaron de la unión de personas sometidas a un rey, ya que en toda casa reina el más anciano, y, por lo tanto, también en las colonias, cuyos miembros están unidos por el parentesco. Y eso es lo que dice Homero: "cada uno es el legislador de sus hijos y mujeres", pues en los tiempos primitivos vivían dispersos. Igualmente dicen todos los hombres que los dioses se gobiernan monárquicamente, porque así se gobernaban también ellos al principio, y aún ahora algunos, asemejando a la suya, lo mismo que la figura, la vida de los dioses. (*Pol.* I, 2, 1252b)

En el registro de la naturaleza ya se encuentra plasmada la existencia de la comunidad impulsada, en parte, por el dinamismo de la necesidad. De ahí que tanto la familia como la aldea –ampliación de la proliferación familiar– sean enteramente por naturaleza –si bien en la aldea, a diferencia de la familia, se suplen necesidades que suponen una organización más compleja–. Pero lo interesante, leído en clave evolutiva, es que el tipo de vínculo que se tiene en los orígenes es justamente monárquico. Así, resulta sugerente la referencia de Aristóteles al parágrafo homérico como fundamento tradicional con el cual coinciden todos los hombres. Aristóteles, en este aspecto mucho más benévolo que Platón, es consciente de cómo los griegos son hablados por dicha tradición, especialmente porque tanto Homero como Hesíodo formaban parte importante de la *paideia* griega. Asimismo, creemos que el Estagirita se vale de tales orígenes para insinuar que la monarquía no puede pensarse sin una fuerte dimensión sacralizada; así se entiende que desde su perspectiva el gobierno humano imite al gobierno divino.[27] Este hecho es importante si se hace hincapié sobre todo en la *politeia* y en la democracia como los regímenes políticos enteramente humanos. La referencia en la cita a que los hombres *en los tiempos primitivos vivían dispersos* resulta fundamental, pues Aristóteles da a entender que no siempre existieron las ciudades mentadas como comunidades políticas. Todo ello responde a cierta ambivalencia en torno a la monarquía que, en cierto sentido, puede interpretarse más como un gobierno doméstico que uno político.[28] Además, el vínculo del monarca es con los súbditos y no con los ciudadanos, cuestión inversa a cómo Aristóteles sostiene en el libro III de la *Política* que un régimen político se define no sólo en función de quién gobierna y de cómo gobierna sino también por las magistraturas que desempeñan los ciudadanos.

Vayamos ahora a otro fragmento de capital importancia:

La comunidad perfecta de varias aldeas es la ciudad, que tiene, por así decirlo, el extremo de toda suficiencia, y que surgió por causa de las necesidades de la vida, pero existe ahora para vivir bien. De modo que toda ciudad es por naturaleza, si lo son las comunidades primeras; porque la ciudad es el fin de ellas, y la naturaleza es fin. En efecto, llamamos naturaleza de cada cosa a lo que cada uno es, una vez acabada su generación, ya hablemos del hombre, del caballo o de la casa. Además, aquello para lo cual existe algo y el fin es lo mejor, y la suficiencia es un fin y lo mejor. (*Pol. I, 2*, 1252b-1253a)

---

27 La analogía entre el gobierno divino y el gobierno humano para justificar la monarquía e incluso la figura del emperador como monarca universal ha sido un tópico reiterativo en la tradición de la Teoría Política, sobre todo a partir de la oficialización del cristianismo como la religión oficial del Imperio Romano.

28 Al respecto es sugerente retomar el mito de Prometeo del *Protágoras* de Platón (*Protágoras* 320c-322d). En tal diálogo Platón muestra la contraposición entre el arte político o cívico que para Protágoras debe aplicarse a todos, y que Platón considera que debe pensarse como las demás artes específicas. Es decir, reservada para algunos. Lo cierto es que para el filósofo ateniense es importante poner el acento en la sacralidad de las leyes en contraposición al primado de las leyes meramente convencionales. Por ende, es sugerente que el mito puntualice que en un principio no existían las ciudades porque todavía no se contaba con el arte cívico.

La ciudad, como la familia y la aldea, es por naturaleza; incluso la ciudad aparece como el fin de aquellas, es decir, como la culminación de un proceso que alcanza la autosuficiencia plena, la *autarquía*. Que la naturaleza sea fin (*telos*), es otro modo de referenciar el carácter teleológico con que Aristóteles piensa la naturaleza, con diferentes grados, pero todos relacionados entre sí, en donde la etapa o momento posterior contiene y supera a los restantes, tal como se explicitó anteriormente. Incluso, esto se puede aplicar al alma racional como diferencia específica de lo humano, y notar cómo aquél posee el alma sensitiva de los animales irracionales y el alma vegetativa de las plantas o sus funciones respectivas; como a la esfera de la ciudad, cuyos elementos más simples son la aldea y la familia que se integran, por lo menos algunas de sus funciones básicas, a la complejidad de la *polis*. Ahora bien, el filósofo no deja de mostrar, y esto es un rasgo distintivo del paradigma antiguo, cómo hay una esencia ya determinada, esencia que en el caso de la *naturaleza humana* sólo puede completarse por ejercicio de la *areté* (virtud, excelencia) entendida como *praxis*, motivo por el cual la virtud aparece fundamentalmente como una actividad. En otros términos, que el animal humano sea por naturaleza un ser racional y social no implica que elija una vida racional, por esa razón la virtud es ejercicio y actividad.

Por otro lado, es transcendental diferenciar en Aristóteles una dimensión ontológica de una dimensión cronológica a la hora de pensar la *polis,* dado que ésta puede entenderse diacrónicamente por la vía evolutiva por la cual pasamos de la familia a la aldea y de la aldea a la ciudad, pero también, cuestión que Aristóteles da prioridad, en un sentido ontológico, por el cual el todo es anterior a las partes y aquellas sólo tienen existencia en función de dicha primacía.

La alusión al acabamiento de la generación es una fuerte referencia a la relevancia que Aristóteles le otorga a la noción de acto. Por ende, la determinación de la esencia siempre se piensa desde el *acto*.[29] En consecuencia, el filósofo enfatiza que lo primero en sentido ontológico es necesariamente el acto y no la

---

29 "De manera que la doctrina de la sustancia culmina en la reiteración de la adhesión aristotélica inquebrantable a la teleología, tanto en la naturaleza

potencia, motivo por el cual, además, extrapolando tales categorías a la esfera de la política, se entiende que la familia y la aldea
sean momentos internos en el emerger de la *polis*. De todas maneras, no hay que perder de vista que para Aristóteles no habría
un determinismo en lo que atañe el paso de la aldea a la ciudad.
Por ende, para el filósofo, la ciudad como comunidad política en
el sentido pleno de la palabra sólo sería atribuible a las ciudades griegas. Por esta razón el *plus* que entraña el buen vivir sólo
se lograría en relación a la dimensión política, que es todavía un
paso más que la dimensión social, como sería, por caso, la esfera
de la familia y la aldea, ámbitos más vinculados al vivir, dado que
todavía son carentes de la autarquía de la ciudad en donde los
hombres pueden desarrollar sus mejores capacidades.[30]

Aristóteles no sólo se preocupa por describir los aspectos
centrales de la ciudad –en tanto comunidad política por excelencia– sino también en ahondar acerca de la naturaleza humana. En este punto, los supuestos antropológicos en juego son un
tópico central de la tradición y actualidad de la teoría y filosofía
política. No es casual que aquellas cosmovisiones políticas que
ponen el acento fundamentalmente en el vínculo entre política y
coerción partan de una visión negativa de la naturaleza humana
–como son, por caso, las de Agustín de Hipona,[31] Maquiavelo o

---

como en el arte. Para definir algo hay que conocer su esencia, y conocer su
esencia es conocer su *érgon*, para lo que es" (Guthrie, 1992: 231).

30   "Es interesante la observación de Aristóteles, según la cual la ciudad nace
para vivir, por una necesidad material, al igual que la familia, y solo una vez
constituida se le añade el objetivo de vivir bien. Se trata de dos funciones
distintas, por lo cual la ciudad tiene dos razones de ser: una de ellas tiene
que ver con la naturaleza como necesidad, como instinto; la otra, con la
naturaleza como fin último, como perfección, según veremos enseguida.
También es interesante observar que, según el Estagirita, cuando una sociedad adquiere las dimensiones suficientes para garantizar ambos fines,
debe considerarse perfecta, esto es, completa, y no debe integrarse en ninguna sociedad más amplia. Lo cual explica las dimensiones relativamente
limitadas de las ciudades griegas comparadas con los reinos bárbaros, o con
las posteriores monarquías helenísticas. Podríamos decir que las primeras
se basan en una filosofía según la cual 'lo pequeño es bello', siempre que
sea autosuficiente, o sobre lo que luego ha dado en llamarse 'principio de
subsidiariedad'" (Berti, 2012: 30).

31   En el caso específico de Agustín, pero también como representante del paradigma medieval, si bien históricamente hay que situarlo en la Antigüedad
tardía, en su decir se consagra una cosmovisión que vincula fuertemente

Hobbes–, mientras que las que lo hacen desde una visión positiva se enfoquen más en el consenso –como el propio Aristóteles, Cicerón, Tomás de Aquino y Locke–:

> La razón por la cual el hombre es, más que la abeja o cualquier animal gregario, un animal social es evidente: la naturaleza, como solemos decir, no hace nada en vano, y el hombre es el único animal que tiene palabra. La voz es signo del dolor y del placer, y por eso la tienen también los demás animales, pues su naturaleza llega hasta tener sensación de dolor y de placer y significárselas unos a otros; pero la palabra es para manifestar lo conveniente y lo dañoso, lo justo y lo injusto, y es exclusivo del hombre, frente a los demás animales, el tener, él sólo, el sentido del bien y del mal, de lo justo y de lo injusto, etc., y la comunidad de estas cosas es lo que constituye la casa y la ciudad. (*Pol. I*, 2, 1253a)

Resulta interesante la diferenciación aristotélica entre ser un animal gregario y ser un animal social presente en este pasaje, incluso podría sostenerse que esa noción de sociabilidad habría que entenderla, en este caso, como politicidad. Pues para el Estagirita hay animales que son gregarios y sociables como las abejas. Claro que tal hermenéutica que sustenta la diferenciación entre sociabilidad y politicidad en el Estagirita cae por nuestra cuenta, si bien creemos que no de manera forzada, pues para el filósofo hay sociabilidad y comunidad en la dimensión doméstica pero no politicidad, tal como ya manifestamos anteriormente.

Otro aspecto a destacar, gira en torno del vínculo entre sociabilidad y palabra, al mismo tiempo que la distinción entre voz y palabra. Así, la diferencia específica de lo humano es justamente el *logos* en tanto palabra. De modo que, para decirlo de una forma contemporánea, sólo por la palabra generamos lazo social, ya que la palabra es condición de posibilidad de la propia vida comunitaria, una de las premisas básicas para constituir una comunidad

---

política y coerción a partir de la irrupción del pecado original. Para muchos pensadores medievales lo político tiene su razón de ser desde tal acontecimiento como quiebre del primer orden natural creado por Dios. Eso no invalida, sin embargo, que una vez que el pecado hiciera su aparición y no se lo pueda desterrar sino hasta el juicio final, la política entendida como autoridad coercitiva sea considerada un freno a ese mismo estado de pecado. Para una mayor profundización se sugiere ver: Miguel Ángel Rossi, "Agustín: el pensador Político" (1999).

política. A través de ella (la palabra) podemos manifestar lo conveniente y lo dañoso, lo justo y lo injusto, tener –parafraseando al propio Aristóteles– el sentido del bien y del mal. Como se verá más adelante, todas estas caracterizaciones forman parte central tanto de la ética como de la política, ámbitos que en nuestro pensador nunca están disociados pero sí diferenciados.[32]

Por otro lado, para poner mayor énfasis en la palabra como dimensión exclusiva de lo humano, es muy ilustrativa la observación de Enrico Berti[33] al puntualizar que los dioses (también animales) tienen razón (*logos*), incluso en grado máximo, pero carecen de palabra. Recordemos que el término *logos* refiere a muchas acepciones: razón, definición, estudio, palabra. Así, la especificidad del animal viviente humano es la razón como palabra, facultad por la que desplegamos nuestra capacidad especulativa y deliberativa. Por otro lado, es crucial señalar que los dioses no tienen palabra porque no viven en comunidad, no son animales sociables.

Por último, la visión aristotélica del hombre como animal social o político ha constituido una de las grandes controversias en torno al pensamiento de Aristóteles. Extremando la cuestión podemos encontrar dos posiciones: aquella que pone el acento en una visión de lo político en un sentido laxo, es decir, como animal gregario,[34] lo que conllevaría como requisito suficiente la organización de un sistema de necesidades resueltas colecti-

---

32 Desde esta perspectiva Aristóteles sostiene en un célebre pasaje de la *EN*: "Pues aunque sea el mismo el bien del individuo y el de la ciudad, es evidente que es mucho más grande y más perfecto alcanzar y salvaguardar el de la ciudad; porque procurar el bien de una persona es algo deseable, pero es más hermoso y divino conseguirlo para un pueblo y para ciudades" (*EN* I, 2, 1094b 6-9).

33 "Lo primero que define al hombre es la palabra, por lo cual no resulta muy acertada la traducción latina de la definición de hombre difundida por la escolástica medieval, *animal rationale*, basada en la traducción de *logos* por *ratio*. Ciertamente, el hombre es un animal racional, dotado de razón, pero el concepto de *logos* es mucho más rico que el concepto de razón, y sería más apropiado decir que el hombre está dotado de palabra, es decir, de lenguaje" (Berti, 2009: 155).

34 Tal perspectiva puede encontrarse en la *Historia de los animales*. Sin embargo, nosotros pensamos que Aristóteles concibe a la politicidad como diferencia específica de lo humano, especialmente centrada en la palabra, entendida ésta también como acción y deliberación, a la que distingue de la voz propia de algunos animales que logran transmitir ciertas sensaciones,

vamente, tal como puede observarse en las abejas y, en el otro extremo, aquella otra postura que hace hincapié en la politicidad como rasgo específico de lo humano, incluso apostando por una identidad entre palabra y acción, tal como sostiene Arendt en *La Condición Humana.*[35]

> La ciudad es por naturaleza anterior a la casa y a cada uno de nosotros, porque el todo es necesariamente anterior a la parte; en efecto, destruido el todo, no habrá pie ni mano, a no ser equívocamente, como se puede llamar mano a una piedra: una mano muerta será algo semejante. Todas las cosas se definen por su función y sus facultades, y cuando éstas dejan de ser lo que eran no se debe decir que las cosas son las mismas, sino del mismo nombre. Es evidente, pues, que la ciudad es por naturaleza y anterior al individuo, porque si el individuo separado no se basta a sí mismo será semejante a las demás partes en relación con el todo, y el que no puede vivir en sociedad, o no necesita nada para su propia suficiencia, no es miembro de la ciudad, sino una bestia o un dios. Es natural en todos la tendencia a una comunidad tal, pero el primero que la estableció fue causa de los mayores bienes; porque así como el hombre perfecto es el mejor de los animales, apartado de la ley y la justicia es el peor de todos: la peor injusticia es la que tiene armas, y el hombre está naturalmente dotado de armas para servir a la prudencia y a la virtud,[36] pero puede usarlas para las cosas

---

pero sin poder efectuar deliberación alguna y, por tanto, carentes de toda dimensión ética.

35   Arendt sostiene que la diferencia específica –para decirlo en términos aristotélicos– de lo humano es la acción, ámbito que presupone siempre la noción de pluralidad. Así la acción se identifica con la palabra, pues es la posibilidad de explicitar la existencia de un actor, de un agente. De modo que, para la pensadora alemana, la acción se despliega siempre en la esfera pública y también supone la dimensión de la libertad entendida ante todo como libertad política, la instancia a partir de la cual se puede generar un nuevo comienzo, la irrupción de algo nuevo y la tarea que demanda el complemento con los otros. Asimismo, Arendt mostrará la perdida de la acción en detrimento de la homogeneidad de la conducta como rasgo del mundo moderno y la mediación medieval que supuso un sujeto anclado en la intimidad y en fuga hacia la trascendencia y la pérdida de la esfera pública tan central para el hombre griego. Ver fundamentalmente: Hannah Arendt. *La Condición Humana* (2010).

36   Es importante la conjunción que el Estagirita realiza entre prudencia y virtud ética, ambas vinculadas fuertemente. En tal sentido es crucial una vez más la afirmación de Aubenque: "Para distinguirla de otras virtudes, en particular de las virtudes morales, hay que agregar otra diferencia específica:

LECCIONES SOBRE LA *POLÍTICA* DE ARISTÓTELES

más opuestas. Por eso, sin virtud, es el más impío y salvaje de los animales, y el más lascivo y glotón. La justicia, en cambio, es cosa de la ciudad, ya que la justicia es el orden de la comunidad civil, y consiste en el discernimiento de lo que es justo. (*Pol.* I, 2, 1253a)

Aristóteles vuelve a retomar el tema de la prioridad ontológica de la ciudad en tanto entidad política como prueba de la relevancia que le otorga a dicho aspecto. Mirado desde la primacía de la esencia ya determinada, desde lo *actual,* Aristóteles no vacila en utilizar una analogía orgánica. Tal referencia al cuerpo humano sirve para mostrar que las partes sólo cobran sentido –e incluso adquieren existencia– en función del todo y que nunca puede comprenderse éste como la sumatoria de las mismas. De tal modo, sostiene el filósofo que una mano muerta, conserva meramente de mano el nombre, dado que ya es carente de función ligada a un cuerpo.

Que el individuo separado no se basta a sí mismo refleja el espíritu del paradigma antiguo y su gran diferencia con respecto a la Modernidad.[37] Recordemos que el paradigma contractualista –que se inicia fuertemente con Hobbes y Grocio– pone énfasis en que la unidad de análisis es el individuo; son justamente éstos quienes están en *estado de naturaleza* y a través de un contrato

---

mientras la virtud moral es una disposición (práctica) que concierne a la elección, la prudencia es una disposición práctica que concierne a la regla de la elección; no se trata de la rectitud de la acción sino de la precisión del criterio; por esto la prudencia es una disposición práctica acompañada por regla verdadera. Pero esta definición aún es demasiado amplia ya que podría aplicarse a cualquier virtud intelectual: entonces la prudencia se diferencia de esta otra virtud intelectual que es la sabiduría, al precisar que el dominio de la primera no es el Bien o el Mal en general, o el Bien o el Mal absolutos, sino el bien y el mal para el hombre" (Aubenque, 1999: 65).

37   Si bien Hobbes ya puede ser considerado el primer pensador fuertemente moderno a nivel político, no obstante, es necesario considerar que el surgimiento de la modernidad es un proceso lento que muchos sustentan que hay que rastrear a partir del siglo XII. De hecho, José Luis Romero sostiene en su célebre libro *Estudio de la Mentalidad Burguesa* (1999), que ha sido Abelardo el primero en captar la subjetividad burguesa. Tal afirmación puede cotejarse si ponemos el acento en la ética de la intencionalidad abelardina, pues allí se afirma que el pecado tiene que ver con la intención del sujeto, esto es, con el consentimiento de la voluntad con respecto al deseo y no con una axiología de tipo objetivista como sucedía en el clásico paradigma medieval. Ver especialmente el capítulo 3 de Pedro Abelardo. *Conócete a ti mismo* (2002 [1128]).

deciden ingresar a una sociedad política de carácter artificial. El sujeto de la Antigüedad, en cambio, se piensa siempre en función de una totalidad (el clan, la tribu, la *polis*, incluso la iglesia). Desde esta óptica es claro que lo peor que le podía acontecer a un griego era justamente el destierro, la pérdida de sentido existencial, una muerte en vida.

En lo que respecta al fragmento *"Es natural en todos la tendencia a una comunidad tal, pero el primero que la estableció fue causa de los mayores bienes"*, allí se demuestra que tal inclinación a la sociabilidad es condición necesaria pero no suficiente para arribar a una comunidad política. De esta forma se coteja la importancia que Aristóteles le asigna a la necesidad de un fundador o legislador de la comunidad incluso mentado como causa eficiente, tópico que trabajaremos más adelante.[38] Desde esta perspectiva es dable pensar que el fundador sería como una especie de nexo entre el registro natural y el registro cultural, ya que tenemos que diferenciar la tendencia natural de todo humano a vivir en comunidad de las particularidades específicas de las múltiples comunidades, con la diversidad de leyes y costumbres que se inscriben en un registro cultural. No obstante, habría muchas

---

38 "El primero que la estableció fue causante de los mayores beneficios. Probablemente, la figura del fundador de la ciudad es mitológica (algunos la identifican con Teseo), ya que la descripción del origen de la ciudad, como he dicho, no pretende ser una narración histórica, sino una investigación analítica. Pese a todo, la idea de que la ciudad tenga un fundador implica que esta no ha existido siempre y que, por tanto, es obra del hombre, concretamente de la razón" (Berti, 2012: 35).

Nosotros acordamos con Berti si el acento está puesto en la idea de que existió un primer fundador, pero entendemos que lo que a Aristóteles le interesa enfatizar es el carácter de la necesidad de una causa eficiente que articule la mediación entre naturaleza y cultura, dado que por la propia dimensión natural nunca llegaríamos a la constitución de una ciudad. Por el contrario, nosotros creemos que hay para el Estagirita un requisito lógico por el cual es necesaria una mediación entre la dimensión natural y la dimensión cultural. Al respecto, María José Rossi sostiene: "La constitución como causa formal se halla en relación directa con la causa eficiente de la polis. Si bien cabe notar que la referencia al fundador de la *polis* como causa de movimiento 'aparece circunstancialmente en la política' (Riedel, 1976: 77), la verdadera causa eficiente de la comunidad política es el legislador, al cual no sólo se le exige ser virtuoso, sino que debe proceder sobre la base de las virtudes y la manera de actuar correcta de los ciudadanos. Ese modo de actuar de la ciudadanía, que es una virtud, es el criterio que tiene en cuenta el encargado de dar forma a las leyes, de generar el movimiento necesario para producir la mejor constitución" (Rossi, M.J., 2007: 82).

objeciones a pensar la función del legislador desde la causalidad eficiente. La primera a tener en cuenta es que cuando Aristóteles hace referencia a la polis en término de sustancia, nunca habla de causa eficiente; la segunda, tal como sostiene Berti, estriba en que la alusión al fundador de la comunidad se juega en el orden mítico, aunque ello no va en detrimento de una reivindicación aristotélica a la tradición y a la singularidad de algunos hombres excepcionales.

Pero si la noción de causa eficiente resulta al menos ambigua en lo que respecta a la creación de la polis, cuando se trata de los otros tipos de causas abordados por el Estagirita, en donde la relación entre física,[39] metafísica y política es muy nítida y significativa. Profundicemos en dicho vínculo a partir de un célebre pasaje de la *Metafísica*:

> Pero de causa[40] se habla en cuatro sentidos: de ellas, una causa decimos que es la *entidad*, es decir, la esencia (pues el porqué se reduce, en último término, a la definición, y el porqué primero es causa y principio); la segunda, la *materia, es decir, el* sujeto; la tercera, *de donde proviene el principio de movimiento*, y la cuarta, la causa opuesta a esta última, *aquello para lo cual*, es decir, el bien (éste es, desde luego, el fin a que tienden la generación y el movimiento). (*Met.* I, 3, 983, 25-30)

---

39 En lo que atañe al vínculo entre física y metafísica es esclarecedora la acotación de Berti: "Las cuatro causas no son las causas primeras, entonces la así llamada doctrina aristotélica de las cuatro causas no es la metafísica aristotélica, no es la ciencia de las causas primeras, es un discurso preliminar, introductorio, que Aristóteles, en efecto, desarrolla en la *física* y que debe tener presente cuando se buscan las causas primeras, porque cada una de estas cuatro causas es un género de causas, es un tipo de causa. Pero en el interior de cada uno de estos cuatro géneros, debemos buscar cuál es la causa primera" (Berti, 2011: 58). Al respecto, es importante tomar en consideración que también en la política habría una causa primera con respecto a las otras causas, justamente la causa final, razón por la cual Aristóteles afirma que el fin de la polis es el *buen vivir*.

40 Desde esta perspectiva, una vez más es esclarecedora la observación de Berti: "Cuando se habla de causas, según Aristóteles, se deben tener presentes todos estos posibles significados. El aristotelismo es un concepto de causa mucho más amplio que el que se encuentra en la ciencia o en la filosofía moderna. Esta última ha conservado del concepto aristotélico de causa sólo uno de los cuatro significados, a saber, el de causa eficiente, por lo que, para la ciencia moderna, causa en general es un hecho que precede a otro hecho, a saber, el efecto, y lo produce, lo precede en el tiempo y lo produce" (Berti, 2011).

Tomemos como ejemplo una determinada sustancia: una estatua, ejemplo empleado por el propio Aristóteles, la causa formal (substancia segunda) está dada por la esencia, lo que hace que una estatua sea lo que es y no otra cosa, por eso el despliegue de la forma, como esencia, es su definición; la causa material sería el mármol (que ya tiene la forma del marmol); la causa eficiente el artesano (aquí la causa eficiente es muy clara); y la causa final (el para qué), por ejemplo, para adornar el *ágora.*

A partir de todas estas consideraciones, Aristóteles extrapola tales nociones, y esto es realmente lo decisivo para nuestro tema, a la dimensión política, concretamente a la *polis* entendida como sustancia.

De esta manera, en la *Política,* la materia estará relacionada con la población; la forma con el régimen constitucional, por ende, sobre la población como materia en sus múltiples posibilidades se podrá obtener tanto una democracia como una oligarquía, *politeia,* etcétera; la causa eficiente situada en el legislador o fundador de una comunidad (ya más problemática), y la causa final, para no pocos comentadores, la más importante en política,[41] constituida, como su nombre lo indica, por la finalidad a la que debe tender una *polis*: el *buen vivir.*

Otro aspecto no menos significativo para mostrar el entrecruce entre naturaleza y cultura se sustenta en que para Aristóteles las virtudes tanto morales (éticas) como *dianoéticas,* no son naturales ni antinaturales, y sabido es que la virtud suprema de las virtudes éticas es la justicia, fundamento de la comunidad política, motivo por el cual se justifica con mayor fuerza la combinación entre naturaleza y cultura. Pero vayamos directamente al fragmento aristotélico:

> Existen, pues, dos clases de virtud, la dianoética y la ética. La dianoética se origina y crece principalmente por la enseñanza, y por ello requiere experiencia y tiempo; la ética, en cambio, procede de la costumbre, como lo indica el nombre que varía ligeramente del de costumbre. De hecho resulta claro que ninguna de las virtudes éticas se produce en nosotros por naturaleza, puesto que ninguna cosa que existe por naturaleza se modifica por costumbre. Así la

---

41 Para ahondar en la cuestión se recomiendan los textos de: Wolff, *Aristóteles e a política* (1999) y Vergnières, *Ética e Política em Aristóteles* (2003).

piedra que se mueve por naturaleza hacia abajo, no podría ser acostumbrada a moverse hacia arriba..." (*EN,* II, 1,1103a)

Por otro lado, que el hombre *"apartado de la ley sea el peor de los animales"* refleja cómo Aristóteles se hace cargo, en parte, de la tradición socrático/platónica. Recordemos que, en *Apología,* texto juvenil platónico, Sócrates decide morir para afirmar la ley de la *polis,* dejando la enseñanza que es preferible morir por una ley injusta –pero ley al fin– que por una comunidad no regida por ley alguna –que además sería una contradicción en sí misma, en tanto que sin ley no hay comunidad posible–. Al respecto, y llevando tal temática a nuestro presente, es sugerente evidenciar que de lo que se trata es de la dimensión de la ley como registro simbólico, como la ley que tiene capacidad de limitar o regular los goces individuales en pos de la vida comunitaria. Así, la cuestión del registro anímico –en términos psicoanalíticos podríamos hablar de pulsional– no fue ajeno al mundo griego. No en vano Platón y Aristóteles hacían referencia al alma tiránica, democrática, oligárquica, etcétera, dando a entender que un régimen político es ante todo una forma de vida. Asimismo, tampoco Platón y Aristóteles hacen depender en vano ciertos regímenes políticos –como la democracia y la oligarquía– del aspecto apetecible o concupiscible del alma. Por ende, tomando en consideración lo antedicho es que cobra sentido la exhortación platónica/ aristotélica a mantener la jerarquía de las partes del alma, esto es, que el aspecto apetecible e irascible queden subordinados al aspecto racional, al tiempo que nunca queden anulados, dado que son necesarios para la propia vida.

Por otro lado, subyace fuertemente en el paradigma antiguo el vínculo entre libertad, ley y autarquía, dado que para la cosmovisión griega que se juega en dicha tradición, se es libre cuando se observa rigurosamente el primado de la ley, pero no se trata de una ley heterónoma, sino de una ley dada por la propia comunidad política. Dicha conjugación entre libertad y ley será central para cierta línea del pensamiento político moderno, del cual Rousseau se convertirá en un alto representante.[42]

---

42 Si bien Rousseau es un pensador eminentemente moderno, a diferencia de otros pensadores de la modernidad, el filósofo ginebrino no pretende erradicar como un mal la tradición antigua –sobre todo la romana–; más aun,

Continuemos con la diacronía de la explicación aristotélica que reflexiona nuevamente acerca de los aspectos de la administración doméstica, pues como bien explicita el pensador, toda ciudad se compone de casas:

> Las partes de la administración doméstica corresponde a aquellos de que consta a su vez la casa, y la casa perfecta consta de esclavos y libres. Ahora bien, como todo se debe examinar por lo pronto en sus menores elementos, y las partes primeras y mínimas de la casa son el amo y el esclavo, el marido y la mujer, el padre y los hijos, habrá que considerar respecto de estas tres relaciones qué es y cómo debe ser cada una, a saber, la heril, la conyugal (pues la unión del hombre y la mujer carece de nombre), y la procreadora (ésta tampoco tiene nombre adecuado). (*Pol.* I, 3, 1253 b)

Llama la atención que la única relación que tiene nombre y que se define por su término positivo sea la despótica (*despotiké*), es decir, la referida enteramente al amo. Aristóteles sostiene que se trata de un vínculo de conveniencia en el que el esclavo, por naturaleza, responde a su esencia obedeciendo, debido a que posee sólo el aspecto pasivo de la razón y no el deliberativo, ya que no es autárquico y toda deliberación se concentra en las propias acciones, tal como puntualizamos anteriormente. Que no exista nombre para la unión del hombre y la mujer muestra la gran sutileza de Aristóteles en este punto, como si se tratase de vínculos singulares no susceptibles de ciencia alguna, dado que para el Estagirita no existe ciencia de lo singular. En lo que refiere a la reproducción, el filósofo no sostiene que la relación no tenga nombre, pero sí que el nombre no es adecuado. No obstante, la ciencia del amo es para el Estagirita una ciencia en minúscula, incluso Aristóteles llega a decir que es preferible que el amo delegue tal saber a un capataz. Es decir, se trataría de un saber en el sentido del buen uso que puede hacerse de los esclavos, y el

---

en su polémica abierta con el Cristianismo –religión que el filósofo sitúa en la trascendencia–, Rousseau reivindica la noción de religión civil de los griegos y los romanos para pensar la voluntad general. En relación puntual con la categoría de libertad –y en plena sintonía con el pensamiento clásico–, Rousseau sostiene: "podría añadirse a la adquisición del estado civil la libertad moral, la única que hace al hombre auténticamente dueño de sí; porque el impulso del simple apetito es esclavitud, y la obediencia a la ley que uno se ha prescripto es libertad" (2012 [1762]: 27-28).

modo más eficaz para que los esclavos aprendan ciertos oficios a los que pueden estar destinados.

Después de presentar las partes esenciales de la dimensión doméstica, Aristóteles ahonda en los distintos vínculos anteriormente explicitados para lograr mayor precisión. En primer lugar, comienza reflexionando sobre la relación amo-esclavo. La primera acotación al respecto es que tal vínculo está en función de las necesidades de la vida práctica, tal como anteriormente mencionamos. Además, se pregunta si es posible arribar a una teoría más lograda de esta relación, poniendo énfasis en el aspecto gnoseológico y partiendo, como es costumbre en el filósofo, de las opiniones generalizadas:

> Unos opinan, en efecto, que el señorío es una ciencia y que el gobierno de la casa, el del amo, el de la ciudad y el del rey son una misma cosa, como dijimos al principio; otros que la dominación es contraria a la naturaleza, ya que el esclavo y el libre lo son por convención y en nada difieren naturalmente; y por ello tampoco es justa, puesto que es violenta. (*Pol.* I, 3, 1253b)

Aristóteles no tiene problema, tal como lo explicitamos anteriormente, en admitir que el señorío es una ciencia, si bien para el filósofo se trata de una ciencia muy menor, no así acordaría con la afirmación de confundir el gobierno del amo, de la ciudad o el del rey, también como ya mencionamos. En lo que atañe a la justificación de la esclavitud por convención, Aristóteles estaría en las antípodas de tal postura,[43] incluso es muy categórico al afirmar que la esclavitud es por naturaleza, siendo la guerra meramente un medio de obtener esclavos, pero nunca una justificación teórica. De ahí que sostenga reiteradamente que el griego es libre por naturaleza y el bárbaro esclavo por naturaleza.[44]

---

43 Tal afirmación contrarrestaría la opinión de Berti cuando sostiene que Aristóteles fue el primero en teorizar acerca de la esclavitud como problema, en tanto que la sociedad griega al tomar la esclavitud como algo natural no problematizaba tal cuestión. Nosotros sostenemos que justamente porque ya existían opiniones acerca de que la esclavitud no es por naturaleza, es que Aristóteles puso énfasis en criticar tal visión. Por ende, Berti no ignora tales posiciones, como él mismo ilustra bien con las apelaciones a Alcidamante de Elea y algunos sofistas como Antifonte y Licofrón o Eurípiedes, referentes de la tradición literaria.

44 Desde esta perspectiva resulta sugerente la hipótesis de García Mercado en lo que atañe a demostrar que la noción aristotélica de naturaleza (*fýsis*)

En el capítulo 4 del libro I de la *Política*, Aristóteles ahonda en la problemática de la propiedad. En un relevante pasaje en lo que refiere a tal cuestión, el Estagirita afirma:

> Así también los bienes que se poseen son un instrumento para la vida, la propiedad en general una multitud de instrumentos, el esclavo una posesión animal y todo subordinado algo así como un instrumento previo a los otros instrumentos (...) Ahora bien, los que se suelen llamar instrumentos los son de producción, mientras que las posesiones son instrumentos de acción; la lanzadera produce algo aparte de su funcionamiento; el vestido y el lecho, únicamente su uso. Además, como la producción y la acción difieren esencialmente y ambas necesitan de instrumentos, éstos presentan necesariamente las mismas diferencias. La vida es acción, no producción, y por ello el esclavo es un subordinado para la acción. De la posesión se habla en el mismo sentido que de la parte: la parte no sólo es parte de otra cosa, sino que pertenece totalmente a esta, y lo mismo la posesión. Por eso el amo no es del esclavo otra cosa que amo, pero no le pertenece, mientras que el esclavo no sólo es esclavo del amo, sino que le pertenece por completo. De aquí se deduce claramente cuál es la naturaleza y la facultad del esclavo: el que por naturaleza no pertenece a sí mismo, sino a otro, siendo hombre, ése es naturalmente esclavo; es hombre de otro el que, siendo hombre, es una posesión, y la posesión es un instrumento activo e independiente. (*Pol.* I, 4, 1253b-1254a)

---

sería incorrecta para explicar la esclavitud, pues la naturaleza identificada como la esencia de cada ente se justifica desde un registro de universalidad, de homogeneidad, la naturaleza serviría así para comprender la esencia de hombre, pero no sus diferencias que estriban en un registro social (García Mercado, 2008). Nosotros compartimos con García Mercado que las justificaciones que Aristóteles realiza de la esclavitud deben comprenderse en relación al contexto socio-histórico de Grecia en la época de Aristóteles, en donde la esclavitud era tomada como hecho natural o desde su dimensión política, en tanto vinculación de la política con el ocio y el tiempo libre de los ciudadanos, además del criterio económico que supone la esclavitud como parte de la vida familiar. Sin embargo, no podemos dejar de lado el dispositivo ideológico que ha englobado el concepto de naturaleza en la historia del pensamiento occidental para justificar y ontologizar las diferencias. No obstante, es dable mostrar la contradicción desde el propio concepto de naturaleza en el pensamiento de Aristóteles que justamente serviría para justificar el criterio de homogeneidad, dado que reconoce en el esclavo cierta dimensión humana.

Del extenso pasaje seleccionado no podemos dejar de destacar, tal vez como la connotación más relevante, la diferencia entre
producción y la posesión relacionada con la acción. Así se entiende que Aristóteles manifieste que el esclavo es un subordinado
de la acción y puede serlo porque constituye una parte del amo.
Que el esclavo sea pensado bajo la finalidad de la vida vinculada
a la acción, obedece no sólo a que el esclavo es un viviente y, en
tal sentido, susceptible de posesión –incluso su racionalidad sólo
le viene del amo– sino que también se entiende como la parte
que hace que el amo cuente con tiempo libre para dedicarse a la
vida política. En ese sentido puede comprenderse, también, que
sea un subordinado de la acción.[45] Al respecto, nuestro supuesto
básico es que en este libro se mezclan dos visiones no necesariamente contradictorias pero sí diferentes: una que pone el acento
en una visión aristocrática y en la necesidad de los esclavos para
contar con el ocio necesario para la participación política y otra
que pone el acento en que el griego por naturaleza no es esclavo y
por tanto puede participar íntegramente de la dimensión política
independientemente de la posesión o no de esclavos. De hecho,
no olvidemos que una de las reformas vinculadas a la democracia ateniense es la de la imposibilidad de esclavizar a los griegos
por deudas, además de la introducción del sueldo en política,
justamente para aquellos que no tenían esclavos y no contaban
con el ocio suficiente.

Otro aspecto tan central como el primero reside en el tópico
de la *animalidad* (seres vivientes) que, en el caso específico del
humano, pone en juego una teoría del orden correcto focalizado
en la relación del alma con el cuerpo y que constituyó un tópico
central para la tradición Occidental:

---

45 "Aristóteles establece una distinción entre instrumentos de producción
(*poiesis*), como la lanzadera, de las cuales se obtiene un producto, e instrumento de acción (*praxis*), como el vestido y la cama, de los cuales sólo se
obtiene el uso que se les da. Y, puesto que la vida (*bios*) es acción, el esclavo,
como instrumento para la vida, es instrumento de la acción. Los instrumentos de producción, como la lanzadera, pueden no ser propiedad de quien
los usa; en cambio, los instrumentos de acción, como el vestido y la cama,
deben ser propiedad. Por eso Aristóteles concluye esta primera parte de su
disertación afirmando que el esclavo, aun siendo hombre (*antropos on*), es
una propiedad" (Berti, 2012: 43).

El ser vivo consta en primer lugar de alma y cuerpo, de los cuales el alma es por naturaleza el elemento rector y el cuerpo el regido. Pero hemos de estudiar lo natural en los seres que se mantienen fieles a su naturaleza y no en los corrompidos; por tano, hemos de considerar al hombre mejor dispuesto en cuerpo y alma, en el cual esto es evidente, porque en los de índole o condición perversa el cuerpo parece muchas veces regir al alma, por su disposición mala y antinatural. Decimos, pues, que el imperio despótico y el político pueden observarse primero en el ser vivo, ya que el alma ejerce sobre el cuerpo un imperio despótico, y la inteligencia un imperio político o regio sobre el apetito; en ellos resulta manifiesto que es conforme a la naturaleza y conveniente que el cuerpo sea regido por el alma, y la parte afectiva por la inteligencia y la parte dotada de razón, mientras que la igualdad entre estas partes o la relación inversa son perjudiciales para todos. (*Pol.* I, 5, 1254a-1254b)

Muchas afirmaciones pueden subrayarse con fuerte valor teórico en lo que atañe, sobre todo, a dar cuenta no sólo de la cosmovisión de Aristóteles sino, incluso, del hombre antiguo y en parte también medieval.

En primer lugar, el Estagirita habla del primer orden básico sin el cual no sería posible la misma vida; orden que tiene que ver con el dualismo y con la relación entre el alma y el cuerpo. Es sugerente que afirme que el alma ejerce sobre el cuerpo un imperio despótico; afirmación que se entiende completamente si se comprende al cuerpo como cuerpo animado, es decir, lo que confiere el elemento de la vida es justamente el alma. No olvidemos que alma[46] significa vida, y que un cuerpo sin alma es específicamente un cadáver.

En segundo lugar, la apelación a la inteligencia como imperio político o regio, conlleva la idea de que el aspecto racional del alma, y no ya la interpretación del alma como lo que dota a un ente de vida, domine sobre los demás aspectos del alma (la parte irascible y apetecible en el caso de Platón), y para la especificidad

---

46　En este aspecto en particular tomamos la noción más simple de alma, como principio de movimiento y dadora de vida, sin profundizar en la noción de *psykhé* y su evolución o en las diferenciaciones a posteriori como puede ser la diferencia entre alma y espíritu, central en el medioevo.

aristotélica[47] que impere las funciones del alma racional, como diferencia específica de lo humano, porque Aristóteles también manifiesta que podemos elegir una vida determinada por la función sensible del alma, renunciando a una vida propiamente humana. En síntesis, lo relevante para ambos filósofos será, justamente, mantener tal jerarquía, es decir, que el aspecto irracional se someta al aspecto racional. No obstante, en el Estagirita habría mucho más una teoría del orden biológico primario que se extrapola al orden social y político y en el caso platónico una cosmovisión centrada en una idea de orden natural fundado muchas veces en una dimensión mítica. Además, para Platón el cuerpo es interpretado como la cárcel del alma y una parte a superar.

Que el alma deba regir al cuerpo es la unidad básica que organiza la vida, aunque en la vida social y política el cuerpo puede regir al alma cuestión muy clara en la cosmovisión platónica. En la visión aristotélica la posibilidad de que el cuerpo domine al alma, no anularía el hecho de que el alma seguiría rigiendo al cuerpo despóticamente como único camino para garantizar la existencia.[48] No en vano, tomando como referencia a Aritóteles, Tomas de Aquino se refiere al hombre como unidad sustancial de cuerpo y alma. Claro que para el Aquiante habría resurrección en cuerpo y alma, y para Aristóteles, si bien es una afirmación controversial, la eternidad sólo sería postulable para la especie y no para el individuo.

En tercer lugar, Aristóteles alude a lo conveniente y la cuestión que anteriormente acotamos de mantener las jerarquías. La referencia a la igualdad atañe en este caso específicamente a la democracia, si bien también a veces el filósofo vincula a la democracia con el aspecto apetitivo del alma y no en función de la relación cuerpo y alma. Pero en esta referencia puntual, la

---

47 Hay profundas diferencias entre Platón y Aristóteles en torno a la noción de alma. Sólo bastaría indicar que para el filósofo ateniense el alma prexiste al cuerpo, incluso el cuerpo muchas veces es concebido como la cárcel del alma, y en Aristóteles el alma puede entenderse como la forma del cuerpo y su actualidad, arribando a una visión antropológica que piensa en términos de unidad sustancial el alma y el cuerpo, además de concebir el alma vegetativa y el alma sensitiva.

48 Tal tópico será central para el pensamiento medieval, pues si bien el pecado original pervierte el orden natural no logra anularlo, justamente porque es creación divina.

igualdad entre el alma y el cuerpo justifica claramente por qué la democracia es mejor que la oligarquía y la tiranía, en donde el cuerpo rige directamente al alma.

Del dualismo cuerpo y alma y de la extrapolación de la dimensión biológica a la dimensión doméstica y política, Aristóteles sostiene categóricamente:

> Lo mismo tiene que ocurrir necesariamente entre todos los hombres. Todos aquellos que difieren de los demás tanto como el cuerpo del alma o el animal del hombre (y tienen esta disposición todos aquellos cuyo rendimiento es el uso del cuerpo, y esto es lo mejor que pueden aportar) son esclavos por naturaleza, y para ellos es mejor estar sometidos a esta clase de imperio, lo mismo que para el cuerpo y el animal. Pues es naturalmente esclavo el que es capaza de ser de otro (y por eso es realmente de otro) y participa de la razón en medida suficiente para reconocerla pero sin poseerla, mientras que los demás animales no se dan cuenta de la razón, sino que obedecen a sus instintos. En la utilidad difieren poco: tanto los esclavos como los animales domésticos suministran lo necesario para el cuerpo. La naturaleza quiere sin duda establecer una diferencia entre los cuerpos de los libres y los de los esclavos, haciendo los de estos fuertes para los trabajos serviles y los de aquellos erguidos e inútiles para tales menesteres, pero útiles en cambio para la vida política (que se divide en actividad guerrera y pacífica). (*Pol.* I, 5, 1254b)

Nuevamente la apelación a la categoría de naturaleza es fundamental, una naturaleza que a diferencia del paradigma moderno se presenta en la antigüedad desde el registro ontológico de la diferencia. Si bien Aristóteles no lo explicita en la cita, y a riesgo de violentar su pensamiento creemos que el esclavo podría pensarse, tal como afirmamos anteriormente, como un ente intermedio entre el hombre pleno y los animales, dado que no posee la razón en plenitud, pero puede sí reconocerla y, en tal sentido, no obra por instinto. Asimismo, no deja de ser importante la acotación que, en un sentido pragmático –vale decir, en un sentido que toma como criterio la utilidad–, no habría una gran diferencia entre el animal y el esclavo. Por otro lado, el énfasis en el dualismo alma/cuerpo, tal como ya señalamos, es fundamental en lo que atañe a la legitimación del orden social, orden que no está disociado de la dimensión ontológica. El alma se vincula al ocio –al pensamiento, la filosofía y la política–, mientras que el cuerpo se vincula al trabajo y a la esclavitud.

De igual modo, no deja de ser insinuante, también como expresión del paradigma antiguo, que Aristóteles entienda a la política como constituida por dos polos no contradictorios: la paz y la guerra. En otros términos, la guerra se asume como una parte de la política, sobre todo extrapolada al otro cultural, y no como una patología –claro que en este punto habría que diferenciar guerra de *stasis*–. Recordemos que tanto Platón como Aristóteles extrapolan la guerra al otro cultural. En esta línea, en la *República* se observa una disquisición que será central para la historia política de Occidente, a saber, la diferencia entre guerra y discordia.[49] En tal sentido, la guerra es utilizada como dispositivo ético que hace posible la armonía de la totalidad social, pues ante el bárbaro la identidad griega cobraría mayor cohesión.[50] En el caso de Aristóteles, el problema de la *stasis,* que podría interpretarse como guerra civil, es, sin duda, el mayor peligro político, razón por la cual la *politeia* como régimen político que cuenta en su composición con un estamento medio numeroso, no puede comprenderse sin la vinculación con el problema específico de la *stasis*, protagonizado fundamentalmente por la lucha entre ricos y pobres.[51] Desde esta perspectiva se entiende que el Estagirita con-

---

49 "Son también dos cosas diferentes, que se relacionan con diferentes objetos. Me refiero, por una parte, al ámbito de lo doméstico y allegado; por otra, al de lo ajeno y extranjero. Así el nombre de la discordia se aplica a la enemistad entre allegados, y el de guerra a la enemistad entre extranjeros. (...) Sostengo que los de raza griega son parientes y allegados entre sí, y que son en cambio, ajenos y extranjeros para los bárbaros (...) Por lo tanto, cuando los griegos luchen con los bárbaros y los bárbaros con los griegos diremos que están en guerra y que son enemigos por naturaleza, y será preciso dar el nombre de guerra a esta enemistad; pero cuando luchen griegos contra griegos, hemos de afirmar que son en verdad amigos por naturaleza, pero que Grecia se halla circunstancialmente enferma y dividida y será preciso dar el nombre de discordia a esta enemistad" (*República*, V, 470b-d).

50 Al respecto, es interesante observar que cierto *panhelenismo* ya se encuentra desde la Ilíada, pero tal cuestión se agudiza en el primer tercio el siglo V., esencialmente a partir de las guerras médicas.

51 "Los pobres (*áporoi*) no son los completamente desposeídos, sino aquellos que carecen de muchas cosas, pero no de todas. Por de pronto, son dueños de sí mismos, diferenciándose de los esclavos (...) Newman (...) dice que los pobres (*áporoi*) poseen algún grado de propiedad, pero no tienen esclavos, y aun cuando disponen de un tiempo libre, porque reciben un salario del

sidere que la virtud específica de la *politeia* sea la capacidad del uso de las armas.[52]

Por último, Aristóteles fuerza su argumento al sostener que desde la percepción visual muchos cuerpos de esclavos parecerían ser cuerpos de amos y viceversa, pero su artilugio se basa en sostener que es mucho más difícil observar el alma. Tal afirmación es relevante en su dimensión ideológica, en tanto muestra la posición de Aristóteles en lo que respecta al tema, y la renuncia absoluta a una argumentación filosófica. Aristóteles concluye el capítulo 7 retomando la cuestión de la ciencia del amo, enfatizando, una vez más, que el ser amo no consiste en poder adquirir esclavos, sino en saber usarlos:

> Esta ciencia no tiene nada de grande ni imponente: simplemente, el amo tiene que saber mandar lo que el esclavo tiene que saber hacer. Por eso los que pueden desentenderse personalmente de este trabajo confían a un administrador este cargo y se dedican a la política o a la filosofía. En cuanto a la ciencia de adquirir esclavos –se entiende, de un modo justo–, es distinta de estas dos, pues se relacionan con la guerra o la caza. Quede, pues, así definido lo que refiere al amo y al esclavo. (*Pol.* I, 7, 1255b)

Para Aristóteles hay una jerarquía de saberes; en tal sentido, privilegia a las ciencias teóricas como las más importantes, incluso entre ellas otorga una prioridad a la filosofía primera o teología; luego seguirían en relevancia las ciencias prácticas, siendo la ciencia suprema la política, y, por último, la *episteme* productiva,

---

Estado, deben trabajar duramente para mantenerse (Godoy Arcaya, 1984: 23).

52 En relación al problema de la *stasis,* resulta más que sugerente el texto de Agamben, ya que parafraseando al pensador italiano, es posible señalar que la *stasis* no proviene del *oikos,* no es una guerra familiar, sino parte de un dispositivo que funciona de modo similar al estado de excepción. Como en el estado de excepción, la vida natural es incluida en el orden jurídico político a través de su exclusión; en modo análogo, a través de la *stasis* el *oikos* es politizado e incluido en la *polis,* es un juego tensional entre el *oikos* y la *polis* constituyendo una zona indiferenciada en la cual lo político e impolítico –el afuera y el adentro– coinciden. Así, Agamben concibe a la política en cuyo extremos está el *oikos,* de un lado, y la *polis,* del otro. Entre ellas la guerra civil marca el umbral transitado a través del cual lo impolítico se politiza y lo político se economiza. De esta forma, sostiene que al igual que hoy, en la Grecia clásica no existe un campo de la política pura (Agamben, 2015: 30).

cuyas actividades menores, sin duda alguna, son las relacionadas con el terreno doméstico.[53]

En el capítulo 8 Aristóteles profundiza todo lo referente a la propiedad no sin antes haber concluido que no habría más nada que decir en lo referente al amo y al esclavo, incluso que ya estaba todo definido –término que también remarca el carácter de ciencia menor, dado que no hay ciencia sin definición–.

Profundicemos ahora en las cuestiones referidas a la economía y la crematística que, por otro lado, fueron una de las páginas más revisitadas por la tradición Occidental hasta nuestros días.

A modo de somera contextualización es necesario tener presente que Aristóteles pensó, incluso prescriptivamente, el terreno de la economía[54] en la esfera doméstica y no en la pública, al servicio de la vida[55] y condición de posibilidad del *buen vivir*.

---

53 Al respecto, Fabián Ludueña Romandini sostiene: "el paradigma de la *oikonomía* encuentra su punto de partida en Aristóteles, para quien el término define la administración de la casa en el sentido amplio del término *oikos*, que toma en cuenta las relaciones muy heterogéneas como las establecidas entre los padres y los hijos, el amo y el esclavo o la gestión de la propiedad. En este sentido no se trata de una *episteme*, de una ciencia en sentido propio, sino de una disposición diversa en cada caso, para enfrentar problemas específicos de la administración" (Ludueña Romandini, 2006: 86).

54 Es claro que la Antigüedad no tuvo registro de la economía como ciencia autónoma, para ello hubo que esperar al advenimiento de la Modernidad. Al respecto, Hannah Arendt sostiene categóricamente: "nos resulta difícil comprender que, según el pensamiento antiguo sobre estas materias, la expresión economía política habría sido una contradicción de términos: cualquier cosa que fuera económica, en relación a la vida del individuo y a la supervivencia de la especie, era no política, se trataba por definición de un asunto familiar" (Arendt, 2010: 42).

55 La vinculación entre economía y sobrevivencia –ambas instancias pensadas en la esfera doméstica y ligadas al terreno de la necesidad, y no de la libertad– muestran la inversión que provocó el surgimiento de la Modernidad. Por ende, el tema de la vida en su sentido más biológico ingresa, ahora, a la escena pública. Ésta es una de las razones por la que Arendt sostiene en *La Condición Humana* que sólo en la necesidad hay coerción y que un griego jamás pensaba la coerción en el espacio público, pues como espacio de la libertad, éste no podía estructurarse desde la impronta de la necesidad y, por tanto, de la coerción. Su Inversión sólo acontecerá en la Modernidad. No es casual, empero, la definición del Estado como el monopolio organizado de la coerción.
    Asimismo, también es importante la referencia a Agamben, pues el pensador italiano marca la distinción que, para todo griego, incluido Aristóteles, existen entre los conceptos de vida biológica y forma de vida. Así, aduce que lo relevante para un griego, no es la vida biológica, a la que dicho autor

Así pues, hay una especie de arte adquisitivo que es naturalmente parte de la economía: aquella en virtud de la cual la economía tiene a mano (...), los recursos almacenables necesarios para la vida y útiles para la comunidad civil o doméstica. Estos recursos parecen constituir la verdadera riqueza, pues la propiedad de esta índole que basta para vivir bien no es ilimitada. (*Pol.* I, 8, 1256b)

Previamente a la cita transcripta, Aristóteles estableció una diferenciación entre economía y crematística, aduciendo que siendo la economía un auténtico arte, no puede sino ocuparse de la correcta utilización de los bienes domésticos, mientras que la crematística como técnica adquisitiva puede ser considerada parte de la economía. De hecho, explicita dos tipos de crematística: una inscripta y acotada al terreno doméstico de la economía y otra –antinatural– rompiendo todo límite y medida. Subrayemos algunos aspectos cruciales del pasaje.

En primer término, Aristóteles muestra la perversidad que implica mentar la crematística como una finalidad en sí misma, especificando que la misma debe estar al servicio de la economía, pues será esta última la que eche mano y direccione correctamente los recursos almacenables y almacenados. Nuevamente, es digno de apreciar cómo Aristóteles relaciona y establece un criterio de jerarquías entre todas las artes, y lo que atañe específicamente al ámbito práctico de la *polis*, es muy clara la afirmación presente en la *Ética Nicomaquea*:

Parecería que ha de ser la suprema y directiva en grado sumo. Ésta es, manifiestamente la política. En efecto, ella es la que regula qué ciencias son necesarias en las ciudades y cuáles ha de aprender cada uno y hasta qué extremo. Vemos, además, que las facultades más estimadas le están subordinadas, como la estrategia, la economía, la retórica. Y puesto que la política se sirve de las demás ciencias y prescribe, además, qué se debe hacer y qué se debe evi-

---

denomina *nuda vida*; sino la forma de vida, vida vinculada a la acción y a la esfera de la libertad, vida de la *polis* y en la *polis*, para recordarnos –siguiendo al Estagirita– que el griego alcanzaba sus mayores potencialidades, superando la vida animalesca, sólo en el ámbito *autárquico* de la *polis*. De esta forma, Agamben muestra, sobre las huellas de Arendt y Foucault, que la forma de vida en las sociedades actuales es justamente la vida biológica, la mera sobrevivencia (cfr. Agamben, 1998).

tar, el fin de ella incluiría los fines de las demás ciencias, de modo que constituiría el bien del hombre. (*EN.* I, 2,1094b)

En segundo lugar, es medular que Aristóteles ponga énfasis en que la persecución de estos bienes es no sólo para vivir sino para *vivir bien*, siendo ésta la finalidad suprema de la política. De ahí el criterio de "limitación" que atañe no sólo a las fortunas de los propios ciudadanos sino, también, a lo que respecta al tamaño de las respectivas *poleis*, coincidente con una visión que desecha las ciudades con amplias extensiones territoriales,[56] pues el filósofo apuesta por una comunidad política en donde todos los ciudadanos se conozcan, requisito indispensable de una comunidad deliberativa.

Retomando la frase *todo límite y medida*, que también en el segundo caso podemos referenciar como *mensura*, es representativo advertir que estas características poseen para el hombre antiguo y medieval[57] una profunda carga ontológica, pues el transgredir el límite y la medida pone en juego la existencia misma de todo ente, con lo cual pasamos del ámbito del *ser* al no *ser* (Rossi y Tierno, 2009).

Si bien en esta oportunidad no nos dedicaremos al trasfondo metafísico que supone el ámbito de la economía en Aristóteles, es indicador simplemente mencionar que Aristóteles se pregunta por el tipo de entidad que supone, por ejemplo, que el dinero genere dinero; sumándole, por caso, el problema de la conmensurabilidad que hace que productos inconmensurables entre sí puedan cuantificarse en la circulación de las mercancías. En este aspecto en particular Aristóteles es preciso al señalar que sólo mediante el dinero podemos intercambiar objetos cualitativamente diferentes; sabe también que dicha conmensurabilidad no puede ser sino un artificio, incluso antinatural. No obstante, no invalida el dinero en cuanto tal, sino el mal uso que se hace de él, condenando, por ejemplo, el tema del interés y la

---

56   Tal afirmación es compartida por Platón a través de todas sus obras, especialmente en *República* en la que el filósofo ateniense sustenta la tesis de la unidad de la ciudad enunciada por Sócrates.

57   "Todas las naturalezas por el hecho de existir y, por ende, tener su propia ley, su propia belleza y una cierta paz consigo mismo son bienes. Y, mientras están situadas donde deben estar, según el orden de la naturaleza, conservan todo el ser que han recibido" (Agustín, *La Ciudad de Dios,* 1999 [426]).

usura. Cuestión que cobrará relevancia en el paradigma medieval, incluido Lutero, ya considerado en muchos aspectos un moderno. Pero lo cierto es que en este aspecto específico se verifica como la economía formaba parte de la ética, recordemos que el propio Adam Smith, como bien señala Sen,[58] se consideraba un filósofo moral. Caractericemos, ahora, la mala crematística:

> Hay otra clase de arte adquisitivo que recibe generalmente el nombre –por lo demás justificado– de crematística, para la cual no parece haber límite alguno de la riqueza y la propiedad. Muchos la consideran como idéntica a la antes mencionada, a causa de la proximidad entre ambas; sin embargo, no es la misma, si bien tampoco está lejos de ella. Una es natural y la otra no, sino más bien producto de cierta experiencia y técnica. (*Pol.* I, 9, 1257a)

Aristóteles explicita dos rasgos que definen esencialmente a la mala crematística: el elemento de lo antinatural relacionado con cierta técnica que conlleva la invención del dinero, conjuntamente con la cuestión de la acumulación vinculada, en parte, a las fortunas ilimitadas que contrarresta con el buen vivir de la finalidad política.[59]

A partir de estas premisas el Estagirita preanuncia –con cierta validez contemporánea que nos deslumbra– lo que podemos denominar algunos aspectos significativos que, en términos de

---

58 "El apoyo que los seguidores y partidarios del comportamiento egoísta han buscado en Adam Smith es difícil de encontrar en una lectura más profunda y menos sesgada de su obra. El catedrático de filosofía moral y el economista pionero no llevó, en realidad, una vida de una esquizofrenia espectacular. De hecho, en la economía moderna, es precisamente la reducción de la amplia visión smithiana de los seres humanos lo que pueda considerarse como una de las mayores deficiencias de la teoría económica contemporánea. Este empobrecimiento se encuentra íntimamente relacionado con el distanciamiento de la economía y de la ética" (Sen, 1989: 45).

59 Es importante recordar que la técnica (*tekhné*) es mentada por Aristóteles al interior de la *episteme productiva* y, por tanto, debe subordinarse a la *episteme* práctica. pues si en el primer caso la orientación está centrada en la fabricación de los objetos, en el segundo caso la orientación se centra en la buena utilización y administración de los mismos. Para una mayor profundización de la técnica en Aristóteles, se recomienda el texto de Virginia Aspe Armella, *El concepto de técnica, arte y producción en la filosofía* (1993).

Marx,[60] se aproximarían a una teoría del valor.[61] Profundicemos, por tanto, en dicha problemática.

Aristóteles argumenta que podemos abordar un objeto determinado en función de un doble uso del mismo: como valor de uso y como valor de cambio, utilizando una terminología marxista. Obviamente que la lógica del valor del cambio centrada en la lógica del dinero será la que instaure la idea de una *cremática* ilimitada. El filósofo considera que un primer tipo de cambio, por ejemplo, el trueque que caracterizó a los pueblos antiguos, incluidos los pueblos bárbaros, es una consecuencia natural de la no autosuficiencia de las distintas comunidades. Por ende, el Estagirita recalca que este tipo de trueque, para decirlo en términos del Marx de los *Manuscritos*, no quiebra ni rompe el elemento cualitativo de cada objeto en particular. Así, Aristóteles enfatiza que este tipo de trueque juega en el orden de la naturaleza o, en todo caso, no es antinatural. En contraposición, la mala cremática tiene por objetivo unívoco la búsqueda del lucro y las ganancias particulares.

> Inventado el dinero a consecuencia de las necesidades del cambio, surgió la segunda forma de la cremática, el comercio al por menor, que al principio se practicó del modo más simple y después se hizo más técnico cuando la experiencia enseñó dónde y cómo se habían de hacer los cambios para obtener el máximo lucro. Por eso la cremática parece tener que ver sobre todo con el dinero, y su misión parece ser averiguar cómo se obtendría la mayor abundancia de recursos, pues es un arte productivo de riquezas y recursos. (*Pol.* I, 9,1257b)

---

60 "Las dos peculiaridades de la *forma de equivalente* analizadas en último lugar se vuelven aun más inteligibles si nos remitimos al gran investigador que analizó por vez primera la forma de valor, como tantas otras formas de pensar, de la sociedad y de la naturaleza. Nos referimos a Aristóteles" (Marx, 1975 [1867]: 72).

61 Al respecto, es muy ilustrativa la observación realizada por Borisonik: "Si bien la estructura lógica de la argumentación de Marx sobre la conmensurabilidad es prácticamente idéntica a la aristotélica, según el primero, el Estagirita no consiguió hallar un concepto de valor definido. El secreto del valor se concentraba para Marx, en el trabajo como medida universal. Pero esto no podría haber sido descubierto en una sociedad en la que los productos del trabajo no eran tomados naturalmente como mercancías y el capital no era la relación social dominante" (Borisonik, 2013: 188).

A propósito Moreau[62] comenta –y nosotros acordamos con el especialista francés– en que la institución de la moneda nacida de la necesidad de intercambios exteriores acarrea una transformación de la naturaleza misma del intercambio. Anteriormente a la moneda, el intercambio se ejercía en forma de trueque, limitado a las necesidades recíprocas de las partes; con la moneda el intercambio se libera de estas limitaciones, haciendo posible, al estar libre de la necesidad natural, un desarrollo sin límites.[63] No obstante, Moreau entiende que lo que cuestiona Aristóteles no es la invención de la moneda en sí misma, sino el mal uso que se haga de la misma, tal como sostuvimos nosotros anteriormente. Si bien el Estagirita insiste en que la invención del dinero es producto de una convención humana meramente arbitraria y no de un orden natural.

Es digno de observar, entonces, cómo Aristóteles hace jugar la oposición del buen vivir de la *polis* en donde priva el interés colectivo del máximo lucro que anima el interés privado y el espíritu de avaricia. Inclusive en términos irónicos echa mano de la ancestral fábula del famoso Midas, quien por su codiciosa petición de que todo lo que tocara se convirtiese en oro, acarreó la trágica consecuencia de morirse de hambre.

Por último, Aristóteles hace referencia al tipo humano –hoy podríamos decir psicológico– que encarnan quienes se dedican compulsivamente a la crematística:

> ...pues al perseguir el placer[64] en exceso, procuran también lo que puede proporcionarle ese placer excesivo, y si no pueden procu-

---

62 "Las perversiones económicas, denunciadas por Aristóteles, proceden de un uso desordenado de la moneda, considerada la forma fundamental de la riqueza, cuando no es sino un medio para el intercambio, una institución al servicio de fines humanos" (Moreau, 1969: 363; cit. en: Rossi, Borisonik y Mancinelli, 2014; traducción nuestra).

63 Recordemos que también Locke, en el célebre capítulo V referido a la propiedad, muestra cómo el dinero rompe con las limitaciones naturales y genera condiciones de posibilidad de acumulación. Para una mayor profundización de tal temática se recomienda el ya clásico texto de Macpherson: *La teoría política del individualismo posesivo* (2005).

64 Aristóteles le asigna gran relevancia a la cuestión del placer, incluso como un aspecto insuprimible de la condición humana. Un interesante punto de vista que se introduce en tal cuestión se encuentra en el trabajo de G.E.L. Owen. Dicho célebre estudioso explora si los placeres son *energiai,* o acompañan a la misma (Owen, 2010).

rárselo por medio de la crematística, lo intentan por otro medio, usando todas sus facultades de un modo antinatural; lo propio de la valentía no es producir dinero, sino confianza, ni tampoco es lo propio de la estrategia ni de la medicina, cuyos fines respectivos son la victoria y la salud. No obstante, algunos convierten en crematística todas las facultades, como si el producir dinero fuese el fin de todas ellas y todo tuviera que encaminarse a ese fin. (*Pol.* I, 9, 1258a)

Una vez más nos asombra la contemporaneidad del Estagirita, pues nos muestra cómo ante un mundo fragmentado como el que está presenciando al asistir al derrumbe de las *polis* griegas, todo parece ser presa de una lógica cuantificada, en donde incluso aquellos valores sociales que representaron las notas esenciales de la comunidad política aparecen –aunque incurramos en un anacronismo– bajo el dominio de una razón instrumental. Por ende, Aristóteles muestra el agotamiento de las funciones inherentes a cada arte, como es por caso el arte de la medicina, cuyo *telos* natural es la cura del enfermo y no la maximización del interés privado, convirtiendo, consecuentemente, al dinero en el *telos* antinatural de dicha actividad.

Por otra parte, no debemos olvidar que en muchos aspectos Aristóteles representa el espíritu tradicional del universo griego; por ejemplo, y en coincidencia con Platón, se asume una teoría del exceso vinculado a las pasiones que no logran sujetarse al gobierno de la razón.

Por cierto, y más allá de que el Estagirita coloque a la democracia por encima de la oligarquía (de modo inverso al Platón de la *República*), dichos regímenes –regímenes impuros– se conectan para ambos con la parte apetitiva del alma que toma hegemonía. Por tanto, se trata de la figura del hombre intemperante, y desde su intemperancia optará siempre por el interés particular en detrimento del interés colectivo; pues al no obedecer al *logos,* a la razón, pierde el sentido de la universalidad, que en términos políticos podemos referenciar como "bien común".

Aristóteles insiste en que lo que posibilita la existencia de la comunidad política en tanto tal es la existencia de vínculos de confianza, de amistad. Pues, de lo contrario, si la política se subordina a la economía, o peor aun, a la crematística, perdería su razón de ser, no sólo como arte supremo, sino porque su *telos* ya no estará orientado a la persecución de lograr el *buen vivir*, perdiendo consecuentemente su propia esencialidad.

En el capítulo 10 Aristóteles aloja nuevamente la pregunta si la *crematística* puede considerarse genuinamente parte de la economía para concluir, categóricamente, que mientras siga inscribiéndose en el registro de la naturaleza, no sólo es parte de la economía, sino que es necesario que lo sea. El filósofo afirma:

> Por eso la crematística que opera con los frutos de la tierra y con los animales es siempre natural. Ahora bien, la crematística tiene, como hemos dicho, dos formas: una la del comercio al por menor y la otra la de la economía doméstica, esta última necesaria y laudable, y la de cambio justamente censurada (pues no es natural, sino a costa de otros); y con tanta más razón se aborrecerá la usura, porque en ella la ganancia se obtiene del mismo dinero y no de aquello para lo que este se inventó, pues el dinero se hizo para el cambio, y en la usura el interés por sí sólo produce más dinero. Por eso se llama en griego *tokos*, pues lo engendrado (*tiklómena*) es de la misma naturaleza que sus generadores, y el interés viene a ser dinero de dinero; de suerte que de todas las clases de tráfico éste es el más antinatural. (*Pol.* I, 10, 1258b)

Es más que posible que el contexto que Aristóteles visualiza con la cuestión del dinero roce la emergencia de la lógica imperial propia de Alejandro, lógica que incluso supone ir más allá del comercio al por menor, el que también está censurado en grado menor por el Estagirita. Pero lo más significativo y sugerente del pasaje consiste en la problemática, no sólo ética y política que genera el dinero, sino metafísica, razón por la cual el filósofo sostiene agudamente que el interés es dinero de dinero, nuevamente en las antípodas extremas de la naturaleza, además de asumir, nosotros, el anacronismo de esbozar *el fetichismo de la mercancía*. Aunque Aristóteles lo exprese en la fórmula *que lo engendrado es de la misma naturaleza que sus engendradores*. Eliminando, así, la importancia de la causa que siempre es más rica ontológicamente que lo causado.

En el capítulo 11 Aristóteles se adentra en las partes de la crematística y su aplicación a distintas ramas y actividades, pero lo esencial del capítulo, especialmente en lo tocante a la tensión entre política y economía, es la claridad que tiene Aristóteles en mostrar que el fin de toda crematística o, mejor dicho, de los que se dedican a ella, es asegurar un monopolio. Por ende, el filósofo toma dos ejemplos, el del filósofo Tales, para demostrar contra la opinión generalizada de la inutilidad de la filosofía, que Tales logró hacerse de una cifra importante de dinero por sus conocimientos de astronomía que le permitieron, con poco dinero, asegurarse el arrendamiento de todos los molinos de Miletos y de Quios generando un monopolio, para demostrar que "es fácil para los filósofos enriquecerse si quieren, pero que no se afanan por ello" (*Pol.* I, 11, 1259a). Y el de un siciliano que compró todo el hierro de las minas. Pero independientemente de los casos particulares, vuelve a ser importante destacar que el fin de la crematística en su máxima expresión es procurar un monopolio.

En el capítulo 12 Aristóteles retoma la cuestión de los vínculos domésticos que ya había desarrollado. Si bien no genera un plus con lo dicho anteriormente, vuelve a ser fuerte la analogía con la aristocracia, aplicada al gobierno del hombre sobre la mujer, en donde el varón está capacitado naturalmente para mandar, y la monarquía con respecto a los hijos.

Aristóteles cierra el libro I con el capítulo 13 concentrado en una reflexión acerca de las virtudes que incumben a las relaciones dométicas. Si bien ya quedó claro que para el filósofo las virtudes no son naturales ni anti naturales, en este capítulo hay dos aspectos insoslayables, incluso como presupuestos del pensamiento antiguo. El primero, el registro desigual de la naturaleza (hombre, mujer, esclavo), el segundo, que las virtudes, sin ser naturales, están fuertemente asociadas al registro natural. Vale decir, se espera que el hombre desempeñe logradamente la función del mando; a eso contribuye la virtud, a actualizar su esencia, y por eso la virtud es praxis, ejercicio. Mientras que naturalmente la mujer no está dotada del elemento natural del mando, por tanto, no es esperable una virtud que tiende a actualizar una disposición natural que no se tiene.

Por último, Aristóteles concluye este capítulo con una importante apreciación que muestra el anudamiento entre lo doméstico y lo político, al punto que lo político debe impregnar un sentido a lo doméstico. Vayamos directamente al pasaje del Estagirita como cierre del libro I:

> ...porque como toda casa es parte de la ciudad, y esas relaciones constituyen la casa, y la virtud de la parte debe considerarse en relación con la del todo, hay que educar a los hijos y a las mujeres con vistas al régimen político, si en realidad el que los hijos y las mujeres sean como es debido tiene alguna importancia para que la ciudad lo sea también. Y necesariamente ha de tenerla, pues las mujeres son la mitad de la población libre y de los niños proceden los ciudadanos. (*Pol.* I, 13, 1260b)

Comentarios al Libro III

Aristóteles inicia el libro III de la *Política* a partir de una recomendación, por no decir exhortación, centrada hacia aquellos que quieran estudiar los regímenes políticos, que consiste en que ellos deberían estudiar, en primer lugar, qué es la ciudad. Además, detalla el filósofo, que la actividad del político y el legislador gira en torno a la ciudad (*Pol.* III, 1, 1274b32).

Al intentar ahondar en la esencia de la ciudad, y partiendo, ya como método, de las opiniones generalizadas, el filósofo alude a una categoría sin la cual no podría pensarse la ciudad. Se trata de la noción de constitución:

> ...la constitución es cierta ordenación de los habitantes de la ciudad. Puesto que la ciudad consta de los elementos que la componen, como cualquier otro todo compuesto de muchas partes, es evidente que primero se debe estudiar al ciudadano. La ciudad es, en efecto, cierta multitud de ciudadanos, de manera que hemos de considerar a quién se debe llamar ciudadano y qué es el ciudadano. (*Pol.* III, 1, 1274b-1275a)

Es el momento más relevante del pasaje en la definición que Aristóteles hace de la constitución en sentido amplio, explicitando que aquella es la ordenación –podríamos decir *la forma*– que da cohesión a los habitantes. Este aspecto es muy importante, porque va a habilitar a Aristóteles a sostener que aquel que es ciudadano en una democracia no necesariamente lo será en una oligarquía, puesto que dependerá del régimen político del que se trate. En este sentido, el régimen político puede interpretarse como la diferencia particular o específica al interior del concepto de constitución, entendida como matriz genérica y como condición *sine qua non* para la existencia de ciudades en su sentido político.

Acto seguido, Aristóteles delimita quiénes no serían ciudadanos en una *polis*[65] para ir luego, ya por la vía positiva de la argumentación, a los elementos que entraña la definición de ciudadanía. En efecto, el filósofo sostiene que no podemos definir al ciudadano por el mero hecho de habitar en un lugar o sitio determinado, porque, de hacerlo, serían también considerados ciudadanos los esclavos y los metecos.

Éste es un aspecto relevante porque mostraría que una ciudad y la existencia de la misma no se remite simplemente a los que son ciudadanos, sino que es necesario la existencia de otros habitantes que no sean ciudadanos pero que cumplan funciones que, desde cierta perspectiva, estarían mal vistas si fuesen ejercidas por los ciudadanos plenos. Pero lo cierto es que sin el despliegue de estas funciones la ciudad no llegaría a ser autárquica,[66] por lo que esta característica debe considerarse en su doble aspecto: por un lado, como definitoria de toda comunidad en tanto política y, por otro, tomando en consideración a todos aquellos habitantes que no son ciudadanos pero que generan las condiciones de posibilidad de que la *polis* llegue a ser *autárquica,* aunque más no sea por contribuir a satisfacer el sistema de necesidades.

Uno de los aspectos más relevantes de esta disquisición aristotélica se observa al agregar un tercer grupo en la reflexión. De ese modo se pone de manifiesto que la ciudadanía tiene que ver fundamentalmente con una función en acto. No se trata de una esencia sino de un estado, más aun, de una actividad, de un ejer-

---

65 Aristóteles está pensando, en ese caso puntual, fundamentalmente en la *polis* ateniense, a pesar de haberse mantenido muy atento a la observación de otras múltiples constituciones.

66 Dicha muchedumbre de ciudadanos debe ejercer diferentes funciones para lograr la autarquía de la *polis*. En tal sentido, Aristóteles no pierde de vista el aspecto social y económico de los integrantes de la misma, pues si bien la categoría autarquía se aplica fundamentalmente a una dimensión política, la misma necesita como condición de posibilidad una estratificación social bien diferenciada. De hecho, es la tarea que emprende Aristóteles en el libro IV puntualizando ocho funciones.

cicio, de allí que el filósofo comente que los niños y los ancianos son ciudadanos en un cierto sentido, pero no de manera absoluta; los niños lo son sólo en potencia –dado que por su edad aún no pueden ser inscriptos–, los ancianos, en cambio, porque ya han dejado de serlo. Desde esta perspectiva es menester volver a poner el acento en la dimensión de la asamblea, entendida como el acto por el cual una multitud se convierte en un cuerpo de ciudadanos con pleno ejercicio. Así, la asamblea pasa a ser concebida no sólo como el espacio en que los ciudadanos deliberan y deciden sino también como el poder en acto que instituye la existencia misma de la *intersubjetividad*[67] ciudadana.[68]

Después de recorrer, pues, todas estas modalidades (esclavo, meteco, niño, anciano), Aristóteles quiere arribar a una definición precisa de ciudadanía:

> El ciudadano sin más por nada se define mejor que por participar en la administración de la justicia y en el gobierno. De las magistraturas, unas tienen el tiempo limitado, de modo que la misma persona no puede desempeñarla dos veces, o sólo con determinados intervalos, y otras se ejercen por un tiempo ilimitado, como la del juez y miembro de la asamblea. Podría alegarse que esos no son gobernantes ni participan con ello del poder, pero es ridículo considerar privados de poder a los que ejercen el mando supremo (…) Digamos, para distinguir, magistratura indefinida. Damos por sentado, pues, que los que participan de ella son ciudadanos. La definición de ciudadano que mejor se adapta a todos los llamados así viene a ser ésta. (*Pol.* III, 1, 1275a)

La cita precedente es uno de los parágrafos medulares de toda la *Política*. Y ello debido a que allí el Estagirita define a la

---

67 Término que, si bien se presta a un anacronismo, refleja muy bien cómo en la asamblea sus miembros se afectan mutuamente.

68 Una vez más podemos establecer una fuerte referencia entre la *física* y la *política* aristotélica en lo que refiere a las nociones de *acto* y *potencia*, pues la asamblea sería el lugar en donde la ciudadanía pensada como potencia se actualiza. O, mejor dicho, la actualidad en cuanto potencia. Al respecto, Julián Marías introduce una observación más que interesante: "El paso de la potencia inicial al acto de pensar no implica destrucción de la potencia, sino que es, más bien, una conservación de lo que es en potencia por lo que es perfección (entelequia), de modo que potencia y acto se asimilan" (Marías, 2012: XXX, I). Tal apreciación es interesante para comprender la noción de acto puro o motor inmóvil aristotélica y una posible analogía con la actividad política de la asamblea. Vale decir, como el acto de la potencia colectiva.

ciudadanía en función de la participación en las magistraturas indefinidas. Más precisamente, se refiere a las funciones en la asamblea y en los tribunales populares, los cuales diferencia de los cargos ejecutivos propiamente dichos (las primeras magistraturas). Cabe recordar, una vez más, que los criterios en lo que atañe a los regímenes políticos se estructuran a través de dos principios: el primero ¿quién gobierna? (uno, algunos o muchos) y, el segundo, ¿cómo gobierna? (si en función del bien común o colectivo, o del bien particular, por ejemplo, de una determinada facción). Tales criterios, en suma, determinarán si los regímenes políticos son correctos o incorrectos, rectos o desviados. Si bien Aristóteles continúa manteniendo tales criterios que se aplican fundamentalmente al ejercicio específico del gobierno, lo relevante es que Aristóteles agrega un tercer criterio tomando como punto de referencia central el lugar de la ciudadanía. De allí el énfasis en la participación de la asamblea, así, Aristóteles señala que una de las funciones básicas de la misma es la de la deliberación colectiva asumiendo, por caso, que toda deliberación supone una decisión, incluso la decisión fundamental de precisar quiénes serían los más capaces de asumir las primeras magistraturas. En los términos de Aristóteles "es ridículo considerar privados de poder a los que ejercen el mando supremo", recorte textual del pasaje que venimos trabajando.

Después de lo antedicho, el filósofo continúa reflexionando en torno a su propia definición de ciudadanía para aclararnos que todo ese potencial explicativo sólo se aplica en la democracia y en la *politeia*, aunque sólo haga referencia en este apartado a la democracia.[69] Reflexión que lo lleva a corregir su definición para que sea más inclusiva de los demás regímenes políticos. He aquí el pasaje:

> Pero nuestra definición del ciudadano puede corregirse; en efecto, en los otros regímenes, no hay una magistratura indefinida para las funciones de miembros de la asamblea y juez, sino que corresponden a una magistratura determinada; pues a todos estos magistrados o a algunos de ellos se concede la facultad de deliberar y

---

69 Como bien observa Godoy Arcaya (1984), lo fundamental de una democracia es que todos tengan acceso a las magistraturas, siendo uno de los mecanismos fundamentales para tal objetivo el sorteo.

juzgar sobre todas las cuestiones o sobre algunas. Con esto resulta claro cuál es el ciudadano: llamamos, en efecto, ciudadano al que tiene derecho a participar en la función deliberativa o judicial de la ciudad, y llamamos ciudad, para decirlo en pocas palabras, una muchedumbre de tales ciudadanos suficiente para vivir con autarquía. (*Pol.* III, 1, 1275b)

Sin embargo, a pesar de la ampliación que realiza de su definición para que ésta englobe a los otros regímenes políticos y no sea específica de uno sólo, el Estagirita vuelve sutilmente a poner el acento en la existencia de un cuerpo de ciudadanos, tal como se da en la *politeia* y en la democracia. No en vano termina la cita aludiendo a una muchedumbre de ciudadanos como condición fundamental para vivir una vida con *autarquía*.

En el apartado 3 del libro III de la edición de estudio, Aristóteles ahonda en la problemática de la ciudad en relación a los regímenes políticos, especialmente en lo que atañe al problema de la obediencia ciudadana.[70] Es decir, y parafraseando al filósofo, si tal acto se debió a la ciudad o a un régimen político específico. Vayamos, por tanto, al pasaje en el cual Aristóteles formula que el cambio de régimen político implica el cambio de la ciudad:

Pues si la ciudad es una cierta comunidad, y es una comunidad de ciudadanos en un régimen si se altera específicamente y se hace diferente, el régimen político, parecerá forzoso que la ciudad deje también de ser la misma, de igual modo que decimos de un coro que es uno cuando es cómico y que es otro cuando es trágico, aunque con frecuencia esté constituido por las mismas personas. Igualmente, de cualquier otra comunidad y composición decimos que es distinta cuando es distinta la forma de su composición; (...) En cuanto a si las obligaciones contraídas deben o no cumplirse

---

70   Es muy interesante observar que la pregunta que realiza Aristóteles acerca del porqué de la obediencia ciudadana será un interrogante velado por la Teoría Política. Indudablemente ha sido Étienne de La Boétie, a través de su *Discurso sobre la servidumbre voluntaria*, quien generó una fuerte disonancia en su propia época, sobre todo si se toma en consideración que los principales representantes de la misma –como Lutero, Moro y Maquiavelo– reflexionaron en torno de la figura de príncipe. Desde esta óptica es muy pertinente la apreciación de Román: "En este sentido, el Discurso de La Boétie sería un ejercicio literario de retórica, a la vez clásico e infinitamente subversivo, que anticipa las teorizaciones sobre una *democracia radical*" (Román, 2011: 132).

cuando la ciudad cambia de régimen, esto es otra cuestión. (*Pol.* III, 3, 1276b)

En el capítulo 4 Aristóteles pasa a considerar si ser hombre bueno y ciudadano cabal se funda en la misma excelencia. A modo de encarar tal interrogante, echa mano de una analogía. Toma la figura del marinero para mostrar que, así como los marineros pertenecen a una comunidad (la de los marineros), los ciudadanos también pertenecen a una comunidad. El punto central es que en ambos casos hay un denominador común por el cual podemos aplicar el concepto de marinero o ciudadano –en tanto todo concepto reúne la multiplicidad de los entes que engloba–, lo decisivo consiste en señalar cómo esa unidad conceptual implica una diversidad de funciones específicas y bien diferenciadas. De modo que tanto los marineros como los ciudadanos tienen diversas tareas, con lo cual se arriba a una pluralidad de virtudes dependiendo siempre de la función que se desempeñe al interior de la navegación o de la ciudad. Así habría también un punto de convergencia, una suerte de *finalidad* por la cual la reunión de todas esas funciones se orienta a un *telos*, en el caso de los ejemplos, hacia la buena navegación y la seguridad de la misma y hacia el bien común y el *buen vivir* en el segundo caso.

A partir de la descripción de los diferentes tipos de funciones, Aristóteles especifica aun más la cuestión de la ciudadanía con el par mando/obediencia, indicando que dichos términos pueden ser rotativos. Sin embargo, no deja de indicar que no son las mismas virtudes las que entrañan a una u otra función, distinción que lo lleva a concluir que tampoco coinciden las virtudes del ciudadano con la del buen hombre:

> Análogamente, los ciudadanos, aunque sean desiguales, tienen una obra común que es la seguridad de la comunidad, y la comunidad es el régimen; por tanto, la virtud del ciudadano ha de referirse necesariamente al régimen. Ahora bien, puesto que hay varias formas de régimen, es evidente que no puede haber una virtud perfecta única del buen ciudadano; en cambio, del hombre bueno decimos que lo es por una virtud perfecta única. Es claro, pues, que un ciudadano que sea bueno puede no poseer la virtud por la cual es bueno el hombre. (*Pol.* III, 4, 1276b)

En resumen, lo que Aristóteles está sosteniendo es que, si se define a la comunidad política por el régimen político, es evidente que nunca pueden ser las mismas virtudes las que están en juego, por ejemplo, en la aristocracia en relación a otros regímenes políticos, dado que lo que puede ser bueno para tal modo de organización puede ser perjudicial para otro. Por otro lado, sin llegar Aristóteles a la postura de Maquiavelo, la implicancia de que no hay una identidad entre el buen hombre y el buen ciudadano muestra que habría una eticidad propia y específica de la política y de los regímenes políticos.

Luego de transitar el primer camino, sustentando la comparación en el despliegue de las funciones de los marineros y los ciudadanos, Aristóteles aborda el mismo problema desde otra modalidad, discutiendo tal cuestión a partir del régimen mejor.

> Es imposible que la ciudad se componga exclusivamente de hombres buenos, pero cada uno debe cumplir bien su función, y esto requiere virtud; por otra parte, como es imposible que todos los ciudadanos sean iguales, no será la misma la virtud del ciudadano y la del hombre bueno. En efecto, la virtud del buen ciudadano han de tenerla todos (pues así la ciudad será necesariamente la mejor), pero es imposible que tengan la del hombre bueno, ya que no es menester que sean hombres buenos los ciudadanos que viven en la ciudad perfecta. Además, la ciudad consta de elementos distintos; (...) y por tanto es imposible que sea una misma virtud de todos los ciudadanos, como no puede serlo en un coro la del corifeo y la del que está a su lado. Resulta, por tanto, claro que no se trata absolutamente de la misma. (*Pol.* III,4, 1276b-1277a)

El Estagirita parte de un *factum* absolutamente observable, que aun en la mejor ciudad no puede encontrarse que todos los hombres sean buenos.[71] La observación es interesante porque no

---

71   El tópico de que la mayoría e incluso la minoría de los hombres no puedan ser buenos, constituye un dispositivo argumental recurrente en la tradición de la Teoría y Filosofía Política. En el paradigma medieval, Agustín es un fiel reflejo de esto al argumentar acerca de la dinámica de la *Ciudad del diablo*; Lutero, por su parte, justifica la necesidad de la coerción en función de que la mayoría de los hombres no son auténticos cristianos y, en el caso de Kant, la diferenciación entre moral y derecho, intención y conducta, se legitima en función del presupuesto de que no todos los hombres asumirán el camino de la moralidad. De ahí que el derecho legisle sobre conductas asumiendo finalidades patológicas, como es por caso el miedo al castigo, y la moral, in-

opina lo mismo con respecto a la virtud política. Tal apreciación es por demás relevante, sobre todo si se toma en consideración la postura platónica que no disocia la ética de la política. En el caso de Aristóteles –obviamente sin llegar a la postura maquiaveliana, tal como expresamos anteriormente– no habría identidad entre política y ética. Tal cuestión se evidencia a partir de ciertas tensiones que pueden darse en el marco de un determinado régimen político al cual se le debe obediencia y su contradicción con ciertas decisiones personales que tal vez no estarían en conformidad con aquellos mandatos. Pero lo cierto es que la ciudadanía como categoría política sólo puede estar definida en función del régimen político y no en función de la moralidad. No obstante, en la mayoría de los casos, la distinción aristotélica entre ética y política no radica en una diferenciación de esencia sino de grado, pues el Estagirita sostiene que es mejor conseguir y procurar la virtud para la mayoría que para el individuo. Sumado a ello, que sólo en una *polis* virtuosa y autárquica los individuos podrán desarrollar, como ya puntualizamos, sus mejores excelencias.

Por otro lado, se impone también una consecuencia lógica, pues Aristóteles no niega que los regímenes impuros están integrados también por ciudadanos. En tal sentido la ciudadanía dependería de ellos, y buen ciudadano será aquél que presta su obediencia a las leyes de esos regímenes. No conforme con todo lo antedicho, por último, Aristóteles se pregunta:

> ¿Es posible que coincidan en alguien la virtud del buen ciudadano y la del hombre bueno? Decimos que el gobernante recto deber ser bueno y prudente y que el político tiene que ser prudente; Incluso la educación del gobernante dicen algunos que debe ser distinta, y así vemos que los hijos de los reyes se adiestran en la equitación y en la guerra; (...) Si la virtud del buen gobernante y la del hombre bueno son la misma, pero también es ciudadano el gobernado, no puede ser la del ciudadano absolutamente la misma que la del hombre, aunque pueda serlo la de algún ciudadano; porque la virtud del gobernante no es la misma que la del ciudadano... (*Pol.* III, 4, 1277a)

---

tenciones. Si bien, Kant aclara que tanto el derecho como la moral proceden de una única fuente: la razón.

Si no perdemos de vista que Aristóteles ya había sido escéptico acerca de la posibilidad que inclusive en el mejor régimen político todos los hombres puedan ser al mismo tiempo buenos hombres y ciudadanos, al menos es claro que en lo que toca al ejercicio específico del gobierno, el gobernante debería ser recto, bueno y prudente. No obstante, y cuando posteriormente retoma la cuestión del gobierno político y no despótico, el filósofo enfatiza nuevamente que no puede ser gobernante quien primero no aprendió a ser gobernado, aunque ambas sean virtudes diferentes. En los propios términos del pensador: "La virtud de estos es distintas, pero el buen ciudadano tiene que saber y poder tanto obedecer como mandar, y la virtud del ciudadano consiste precisamente en conocer el gobierno de los libres desde ambos puntos de vista" (*Pol.* III, 4, 1277b). Tal diferenciación es sutil pero muy relevante, pues de ese modo Aristóteles confiere cierto privilegio a la categoría de ciudadanía en la cual también se encuentra inscripta la función del gobernante, ya que el gobernante no deja nunca de ser ciudadano.

En el capítulo 5 Aristóteles profundiza en los distintos regímenes políticos a partir de vincular ciudadanía y estructura social de la *polis*. Concretamente se preguntará si "El verdadero ciudadano ¿es sólo aquel que puede participar del poder, o deben considerarse ciudadanos también los obreros?" (*Pol.* III, 5, 1277b). Un primer aspecto insoslayable de la cita –antes de ahondar de lleno en tal interrogante– radica en explicitar cómo Aristóteles muestra la fuerte vinculación entre los regímenes políticos y la estructura social de la *polis,* tan presente en la sociedad antigua. Aristóteles asume tal vinculación poniendo un fuerte énfasis en la legitimación del estamento medio, acotación que podrá apreciarse muy bien en las páginas que le dedica a la *politeia* como régimen político, conectado así dicho tópico con la ética de forma decisiva. Si bien tal cuestión será tratada posteriormente, es menester señalar que para el mundo antiguo un régimen político nunca hace abstracción del estatus social con el que fuertemente se conecta,[72] tal como lo demuestra la siguiente cita:

---

72 Dicha apreciación también es sugerente si se la compara con la Modernidad, pues en esta última las diferencias en orden al estatus social o las capacidades se sitúan a partir de la invención de la sociedad civil como esfera distinta a

La ciudad más perfecta no hará ciudadano al obrero; y en el caso de que lo considere ciudadano, la virtud del ciudadano que antes se explicó no habrá de decirse de todos, ni siquiera de los libres solamente, sino de los que están exentos de los trabajos necesarios. De los que realizan los trabajos necesarios, los que lo hacen para servicio de uno sólo son esclavos, y los que sirven a la comunidad, obreros y labradores. (*Pol.* III, 5, 1278a)

La nota específica acerca del atributo necesario es importante porque evidencia lo que podríamos llamar el reverso de la política. Si el terreno doméstico se entiende como el ámbito de la necesidad, el ámbito de la política se comprende desde la perspectiva de la libertad. Pero tal noción de libertad no debe interpretarse en sentido moderno; la libertad política de la *polis* –específicamente la ateniense– implica que los ciudadanos se sujetan a leyes dadas por la propia comunidad política de la que ellos forman parte, tal como hicimos referencia en el libro I. Por tanto, estar sujeto a la necesidad es no ser autárquico, más allá que se pueda ser libre, como era el caso de muchos habitantes de la *polis*. En resumen, habría dos tipos de libertad en juego, la libertad privada, aquella en la que no se es esclavo –pero tampoco ciudadano– y la noción de libertad política identificada con la categoría de ciudadanía. De ahí que en la noción de democracia extrema aparezca con mucha fuerza la cuestión de la libertad como fundamentación política, además del atributo de la pobreza.

Aristóteles vuelve a retomar la cuestión de la diversidad de los regímenes para mostrar cómo en determinadas configuraciones el obrero puede ser considerado ciudadano. Al respecto es interesante la observación histórica que Aristóteles realiza entre los campesinos y los obreros tomando como referencia a la oligarquía, pues en ellas "el campesino no puede ser ciudadano (ya que la participación en las magistraturas corresponde a las grandes propiedades), pero el obrero sí puede serlo, porque la mayoría de los artesanos se enriquecen" (*Pol.* III, 5, 1278a).

---

la del Estado. Ante el Estado y la ley todos somos iguales, mientras que el registro de la desigualdad (capacidades, patrimonio, etcétera) se piensan en el terreno de la sociedad civil. Dicha cuestión fue posible justamente por la escisión entre lo político y lo social.

Con respecto a la democracia, y sin perder de vista que para Aristóteles existen distintos tipos de democracia –desde la más cercana e incluso identificada con la *politeia*, hasta la democracia extrema o radical en la cual impera la figura del demagogo[73]–, en todas ellas resultan diferentes las condiciones por las cuales se juzga que alguien pueda ser ciudadano:

> ... en algunas democracias basta ser hijo de una ciudadana para ser ciudadano, y en el mismo caso están en muchos sitios los hijos ilegítimos. Pero como sólo por falta de ciudadanos legítimos conceden a ésos la ciudadanía (pues usan de tales leyes por escasez de población), cuando la muchedumbre aumenta los van eliminando poco a poco, primero a los hijos de esclavos o esclava, después a los de las mujeres ciudadanas, y por último sólo consideran ciudadanos a aquellos cuyos padres lo son ambos. (*Pol.* III, 5, 1278a)

El capítulo 6 se inicia con una clara y profunda definición de lo que Aristóteles entiende por constitución:

> Una constitución es un ordenamiento de todas las magistraturas, y especialmente de la suprema, y es supremo en todas partes el gobierno de la ciudad, y ese gobierno es el régimen. Por ejemplo, en las constituciones democráticas es soberano el pueblo, y por el contrario, la minoría en las oligarquías, y así decimos también que su régimen es distinto, y lo mismo argumentaremos respecto de los demás. (*Pol.* III, 6, 1278b)

Nuevamente, el filósofo pone énfasis en la identidad entre gobierno y régimen haciendo aun más visible el tópico de la soberanía. Asimismo, una vez más el Estagirita identificará un régimen de gobierno con un tipo de forma de vida. Éste es un aspecto nodal que muestra que los regímenes políticos no están disociados, además al aspecto racional, a los aspectos emotivos e,

---

73 "Sobre este régimen Aristóteles concentra todas sus críticas ya que el pueblo llano, seducido por los demagogos, sobrepasa todas las limitaciones impuestas por las leyes y decide en la Asamblea sobre todos los asuntos que son indistintamente puestos a consideración: 'el pueblo que se ha degradado de este modo pasa a ser un análogo de la tiranía entre las monarquías. Por eso el carácter de ambos regímenes es el mismo, así como también la sujeción despótica que los dos ejercen sobre los mejores ciudadanos: los decretos de esta forma de democracia son similares a los edictos de una tiranía' (1292a, 17-20)" (Guariglia, 2010: 174). La cita aristotélica empleada por Guariglia no corresponde al criterio utilizado por Julián Marías.

incluso, como sucede con la *tiranía,* eminentemente irracionales. Dicho con otras palabras, el régimen político expresa una forma específica de vida, entendiendo por vida la esfera del alma. Por ende, el alma se compone de partes o funciones y según la hegemonía de esa parte imperará un determinado régimen político, razón por la cual tanto Platón explícitamente como Aristóteles implícitamente, dado que el Estagirita le presta más atención para caracterizar a los regímenes políticos a los elementos sociales que se vinculan a ellos. De esta forma, e independiente de la teoría del alma para deducir los regímenes políticos, lo cierto es que los antiguos –y en este caso Aristóteles no es la excepción– no desechaban los aspectos emotivos, hoy podríamos decir pulsionales, para entender el devenir político, aspecto central para la teoría política contemporánea.[74]

En el capítulo 6 Aristóteles retoma asuntos que ya había desarrollado en los libros anteriores (I, II y III de la *Política*), a saber: el fin que constituye a la ciudad, la administración doméstica y la autoridad del amo, y la visión del hombre como animal político por naturaleza. Sin embargo, al mismo tiempo agrega un *plus.* Veamos, por tanto, algunas notas referidas a ese *plus.*

> ...hemos dicho entre otras cosas que el hombre es por naturaleza un animal político y, por tanto, aun sin tener ninguna necesidad de auxilio mutuo, los hombres tienden a la convivencia, si bien es verdad que también los une la utilidad común, en la medida en que a cada uno corresponde una parte de bienestar. Este es, efectivamente, el fin principal, tanto de todos en común como aisladamente; pero también se reúnen simplemente para vivir, y constituyen la comunidad política, pues quizás en el mero vivir existe cierta dosis de bondad si no hay en la vida un predomino excesivo de penalidades. Es evidente que la mayoría de los hombres soportan muchos padecimientos por afán de vivir, y parecen encontrar en la vida misma cierta felicidad y dulzura natural. (*Pol.* III, 6, 1278b)

De la cita resulta sugerente extraer un rasgo del pensamiento aristotélico ya señalado anteriormente: la especulación teórica y,

---

74 Una vertiente de la Teoría Política en el que el primado de las emociones e identificaciones ocupa un lugar central está dado tanto por la psicología política como por los estudios del populismo, siendo el pensamiento de Laclau un punto de referencia importante (cfr. Laclau, 2016).

al mismo tiempo, la observación empírica. Dicha observación es cotejable en la misma cita, allí cuando expresa que "los hombres tienden a la convivencia, si bien es verdad que también los une la utilidad común". Es decir, para Aristóteles no hay contradicción alguna en postular especulativamente la sociabilidad natural humana y, al mismo tiempo, el criterio de utilidad presente en toda convivencia. Por ende, es importante tomar en consideración que el término utilizado por Aristóteles es *Koiné symphéron*, o sea, bien común, también traducido como ventaja mutua o utilidad común, pero sin implicar necesariamente un cálculo o justificación utilitaria. Otro tanto podría sostenerse del *fin principal* que comprendería tanto lo común como lo individual, dado que lo individual y lo colectivo no se contradicen ya que se trata de un paradigma que acentúa que el hombre puede obtener logros individuales a partir de la autarquía de la *Polis*.[75] Derivado de ello es posible observar cómo, bajo el calificativo de *mero vivir* no desprovisto de cierta satisfacción, Aristóteles sitúa a la comunidad política como el *buen vivir* asumiendo, primero, la importancia del vivir y de tener resuelto el sistema de necesidades.[76]

Antes de profundizar en los distintos regímenes políticos y en los criterios que determinan que aquellos sean correctos o incorrectos, Aristóteles vuelve a esgrimir una acotación que muestra cierta distancia entre lo que había sostenido en el libro I acerca de la relación amo y esclavo y lo que acontece en la vida cotidiana:

---

75   El pensamiento de Hegel tendrá especialmente esto en cuenta, sobre todo en su diatriba con el contractualismo moderno, pues el filósofo alemán pondrá el acento en que el tipo de Estado al que se arriba en la lógica contractual es un instrumento de los intereses individuales. Por ende, Hegel retoma la idea de que el individuo desarrolla sus mejores potencialidades a partir de la existencia de un Estado en donde es posible una auténtica dimensión intersubjetiva, razón por la cual critica esta idea de pensar el Estado como un instrumento del individuo, pero también critica la visión que hace del individuo un instrumento del Estado.

76   Sin desmedro de lo afirmado, no perdamos de vista que Aristóteles escapa a las escisiones de la modernidad, por tanto, si bien el Estagirita distingue entre vida, como reino de la necesidad, y buen vivir, las motivaciones para la convivencia arrancan desde la propia noción de vida. Al menos tres dimensiones están presentes en el filósofo: 1) un deseo de vivir juntos, aun, aunque no se busque la asistencia mutua; 2) el bien común, que supone la búsqueda colectiva (e individual) por la vida virtuosa; 3) el vivir juntos en comunidad política sólo en nombre de la vida misma, si no acarrea un exceso de sufrimiento para el hombre.

El gobierno del amo, aunque en verdad la conveniencia del esclavo y del amo por naturaleza es una misma, no deja por eso de ejercerse, sin embargo, según la conveniencia del amo, y sólo accidentalmente según la del esclavo; (...) El gobierno de los hijos, de la mujer y de toda la casa, que llamamos administración doméstica, o persigue el interés de los gobernados o un interés común a ambas partes, pero esencialmente el de los gobernados, como vemos también en las demás artes, por ejemplo, la medicina y la gimnasia, aun cuando accidentalmente puedan perseguir el interés de los mismos que las ejercen, pues nada impide que el maestro de gimnasia sea en ocasiones también él uno de los que hacen gimnasia, lo mismo que el piloto es siempre uno de los navegantes. (*Pol.* III, 6, 1278b-1279a)

Es relevante precisar que, más allá de las profundas diferencias, tanto el vínculo doméstico como el político no pueden pensarse sin la idea de gobierno,[77] es decir, sin el par gobernante/ gobernado, en tanto en el terreno doméstico siempre se trata de un vínculo asimétrico a diferencia del gobierno político. Lo cierto es que esta categoría de "gobierno" le sirve a Aristóteles para extrapolar cuestiones de un ámbito a otro, del doméstico al político y viceversa;[78] por eso es que sostiene que el hombre gobierna a los hijos desde el arquetipo de la monarquía y a la mujer desde el arquetipo de la aristocracia, reservando así a la categoría de poder tiránico para la relación amo y esclavo (tiranía).[79]

En suma, para la relación amo y esclavo puede sostenerse una conveniencia mutua en el orden de la naturaleza, pero en el

---

77 Es interesante observar que la noción de gobierno puede tomarse en Aristóteles en un sentido laxo y en un sentido estricto. En un sentido estricto la categoría de gobierno sólo podría identificarse con el gobierno político, mientras que para otro tipo de relaciones de poder habría que utilizar la noción de mando (*arkhé*). Así, el gobierno político sería un tipo específico de mando, pero no el único. No obstante, es factible ver en Aristóteles extrapolaciones mutuas de lo doméstico a lo político.

78 Para un mayor tratamiento de las relaciones entre el *oíkos* y la *polis* remitimos a: Rossi, Borisonik y Mancinelli, 2014.

79 Desde esta perspectiva es fundamental la diferencia entre despotismo y tiranía, dado que los griegos rechazan el primero, pero podían (e históricamente lo hicieron) tolerar la segunda. Justamente el despotismo no es un régimen, está fuera de la tipología de los regímenes políticos; la tiranía, aun con dificultades, conserva un requicio de politicidad, y, de hecho, puede ser considerada un fenómeno político, como Aristóteles bien sabía.

orden concreto, cotidiano, es innegable que para Aristóteles tal vínculo siempre va en interés del amo. En el caso de los vínculos conyugales y parentales, en cambio, Aristóteles sostiene todo lo contrario, es decir, el gobierno se ejercita en función de los gobernados y de ahí la analogía con las demás artes a pesar de que en el libro I Aristóteles haya dejado en claro que hay una *episteme* vinculada al amo pero no asociada a la relación doméstica (hombre/mujer, padre/hijos). Además de los vínculos propios de la dimensión doméstica, aquella incluye también la propiedad (el esclavo forma parte de ésta), la riqueza, etcétera, como desarrollaremos posteriormente.

Por otro lado, sin llegar a hablar de una *episteme* aplicada a la relación hombre-mujer, pues ya habíamos notado que sólo hay *episteme* del amo, Aristóteles recurre a una fuerte analogía para pensar dicho vínculo a partir de las diferentes artes que tienen en común el ser pensadas desde el interés general. Por ende, es sugerente el corrimiento que parte del ámbito doméstico: de la autoridad (gobierno) en función del interés de los gobernados, a las artes primero y luego a la dimensión política. Justamente esta es la secuencia que Aristóteles propone, razón por la cual, tal como anteriormente expresamos, los gobiernos correctos son los que se ejercen en función del bien común.

De esta forma Aristóteles finaliza el capítulo 6 con una cita que resume todo lo antes dicho y pone en juego dos categorías fundamentales para continuar con su análisis: despotismo y desviación. Es decir, los regímenes políticos son desviaciones de los correctos, salvo de un régimen especial que Aristóteles considera el mejor posible: la *politeia*, pues si bien es cierto que éste puede degenerar hacia una democracia u oligarquía, no es menos cierto que se forma a partir de aquellas dos, tal como analizaremos más adelante:

> Es evidente, pues, que todos los regímenes que se proponen el bien común son rectos desde el punto de vista de la justicia absoluta, y los que sólo tienen en cuenta el de los gobernantes son defectuosos y todos ellos desviaciones de los regímenes rectos, pues son despóticos y la ciudad es una comunidad de hombres libres. (*Pol.* III, 6, 1279a)

En el capítulo 7 Aristóteles entra de lleno en el análisis de las formas de gobierno, comenzando por las rectas. No vamos a detenernos en los criterios de cuántos gobiernan y cómo gobiernan porque ya lo mencionamos anteriormente, pero sí en la observación que el Estagirita realiza de la *politeia,* ya que la misma recubre capital importancia:

> Y cuando es la masa la que gobierna en vista del interés común, el régimen recibe el nombre común a todas las formas de gobierno: república (*politeia*); y con razón, pues un individuo o unos pocos pueden distinguirse por su excelencia; pero un número mayor es difícil que descuelle en todas las cualidades; en cambio puede poseer extremadamente la virtud guerrera, porque ésta se de en la masa. Por ello, en esta clase de régimen el poder supremo reside en el elemento defensor, y participan de él los que poseen las armas. (*Pol.* III, 7, 1279a-b)

Como queda dicho en el pasaje seleccionado, la función de la guerra no está disociada de la ciudadanía; más aun, cuánto más numeroso es un ejército de ciudadanos, mucho mejor será para la seguridad de la *polis.* Al respecto, no resulta difícil relacionar tal asociación con la emergencia del *hoplita,* aspecto que Aristóteles tuvo muy en cuenta al comparar e, incluso contraponer, a la antigua caballería de la etapa homérica, vinculada en ese entonces a los sectores aristocráticos. De ahí que la formación hoplita se relacionara fuertemente con las reformas de Solón, con lo que Vernant llama la primera crisis de la *polis* (arcaica). Pero nos equivocaríamos si interpretásemos lo fundamental de la cita en términos de guerra pensada en función del *otro cultural* (el bárbaro), sin ver el gran problema político recurrente en el transcurrir de las ciudades griegas: el problema de la *stasis.* Así, el Estagirita sostiene que cuando el estamento medio es mayoritario,[80] existe mayor

---

80 Cuando Aristóteles expone las propiedades sobresalientes de la que constituye el ejemplo más claro de la mejor democracia, la del pueblo campesino-agrario –supuestamente idealizada como la "constitución ancestral", e históricamente ligada a la república de los hoplitas–, esboza un modelo de constitución en la que se mezclan, por un lado, los rasgos democráticos –por ejemplo, el hecho de que el pueblo siga siendo soberano y participe de la Asamblea y de los tribunales populares– y, por otro, aquellos claramente oligárquicos o aristocráticos –como, por ejemplo, el hecho de que los cargos de poder sean electivos y que los candidatos sean escogidos mediante una elección por procedimientos basados en la clase censataria o en la for-

gobernabilidad, especialmente asegurado el poder coercitivo y cohesivo[81] de tal estamento medio de ciudadanos en relación a los ricos y pobres, que son los estamentos que más fácilmente entran en conflicto generando el peligro real o potencial de la *stasis*.

En el capítulo 8 Aristóteles se dedica específicamente a establecer las diferencias entre la oligarquía y la democracia tras haber definido a la tiranía como una monarquía que ejerce su poder despótico sobre la comunidad política. Vale decir, el gobierno unipersonal que se ejerce en función del bien propio o particular.

Vayamos a la cita de notoria relevancia para esclarecer la diferencia entre ambos regímenes:

> Este razonamiento parece poner de manifiesto que el que sean pocos o muchos los que ejercen la soberanía es un accidente, en el primer caso de las oligarquías, en el segundo, de la democracias, porque en todas partes los ricos son pocos y los pobres muchos (y por eso sucede que las causas citadas no lo son de esa diferencia); lo que constituye la diferencia entre la democracia y la oligarquía es la pobreza y la riqueza, y necesariamente, cuando el poder se ejerce en función de la riqueza, ya sean pocos o muchos, se trata de una oligarquía; cuando mandan los pobres, de una democracia; pero acontece, como dijimos, que unos son pocos y otros muchos, pues poco tienen prosperidad, aunque de la libertad participan todos; y éstas son las cosas por las que unos y otros reclaman el poder. (*Pol.* III, 8, 1280 a).

Como puede apreciarse, el criterio de diferenciación que establece el Estagirita entre la oligarquía y la democracia no es el cuantitativo sino el cualitativo, es decir, la riqueza, para el caso de la oligarquía, y la pobreza, para el caso de la democracia. Claro

---

mación y capacidad para el oficio– (...). El razonamiento mediante el cual Aristóteles sostiene la bondad de este orden político pone de manifiesto el juicio más maduro del filósofo sobre los asuntos humanos y al hacerlo expresa pues, por primera vez, un principio que pasará a ser axiomático para toda constitución política futura (Guariglia, 2010: 177).

81   Recordemos que, para el caso puntual de Atenas –y no sólo para ella–, la ciudadanía no estaba escindida de la función militar. La propuesta platónica en este aspecto constituye una excepción, pues el filósofo ateniense fue uno de los primeros en pensar un estamento de guardianes profesionales, incluso pensando también en la existencia de guardianas, si bien para tal construcción hay que considerar influencia del modelo espartano en la visión platónica (Jäeger, 1996).

que Aristóteles está lejos de ser un observador ingenuo, por eso evidencia, en nuestros propios términos, una cuestión de hecho, aunque no de derecho: que la mayoría, en todas partes, son siempre pobres y la minoría rica.

Después de establecer tal diferenciación (por derecho, el elemento cualitativo, por hecho, el elemento cuantitativo), aparece otro atributo que comparten ambos regímenes; atributo por el cual se justifica el reclamo y las pretensiones de cada forma política, esto es, el atributo de la libertad.

En el capítulo 9 el filósofo continúa ahondando en las diferencias y en las tensiones entre la oligarquía y la democracia. En este punto emerge una temática que constituye uno de los tópicos más profundos de *La Política*. Se trata del gran tema de la justicia. Nótese que el supuesto que anima todo el apartado se focaliza en mostrar cómo tanto los partidarios de oligarquía como los de la democracia piensan que el criterio que ellos defienden para legitimar su régimen es el de justicia absoluta sin ver, sostiene Aristóteles, que se trataría de una justicia relativa. En el cruce de tal cuestión aparece –como dimensión ideológica–, la cuestión de la igualdad y la desigualdad:

> Por ejemplo, parece que la justicia consiste en igualdad, y así es, pero no para todos, sino para los iguales; y la desigualdad parece ser justa, y lo es en efecto, pero no para todos, sino para los desiguales. Ahora bien, se prescinde de para quiénes, y se juzga mal. La causa de ello es que se juzga acerca de uno mismo y, por lo general, la mayoría son malos jueces acerca de las cosas propias. De manera que, como la justicia lo es para alguien, y la distribución ha de hacerse teniendo en cuenta del mismo modo las cosas y para quiénes son, como se dijo antes en la *Ética*, están de acuerdo respecto de la igualdad de las cosas, pero discuten la de las personas, principalmente por lo que acabamos de decir, que juzgan mal lo que se refiere a ellos mismos, pero también porque unos y otros hablan de una justicia hasta cierto punto, pero creen hablar de la justicia absoluta. Los unos, si los hombres son desiguales en algo, por ejemplo, en riquezas, creen que son totalmente desiguales; los otros, si son iguales en algo, por ejemplo en libertad, creen que son totalmente iguales. (*Pol.* III, 9, 1280a)

La riqueza del parágrafo muestra algunos puntos cruciales. En primer lugar, aparece la dimensión social de la justicia, pues ésta siempre supone otro/s, razón que explica el motivo por el cual es una virtud mentada desde la política y la ética, es más, tal como sostuvimos anteriormente, es la *principal virtud ética*, siendo la sabiduría teorética –que no supone intersubjetividad alguna– la virtud *dianoética* suprema. En segundo lugar, allí se está hablando del vínculo entre justicia y poder. Es decir, la justicia[82] específicamente política, precisamente en relación a esto, aparece en consecuencia el tema de la distribución y la mediación con los atributos y las cosas. En tercer lugar –y éste es el elemento decisivo en tanto muestra el dispositivo ideológico en juego–, hace visible la tensión fundamental entre oligarquía y democracia en función de que ambos regímenes toman un atributo particular y lo universalizan. De este modo, cae de maduro que el atributo principal de la oligarquía sea la riqueza, lo que genera la igualdad de pocos y la desigualdad de la mayoría, y el de la democracia sea la universalización de la libertad –claro que entendida como categoría política– referida a ejercer la ciudadanía plena y activa sin que la condición de la pobreza sea un obstáculo.

---

82   Para ampliar dicha perspectiva es relevante el comentario de Patricio Tierno que ahonda en el concepto de justicia desde la categoría de constitución: "De esta manera, la constitución asimila a la justicia en sus varias formas: como justicia absoluta, universal y natural –legal y empíricamente regular–, en lo que toca al fin establecido; como justicia distributiva, en el modo de asignar dignidades, privilegios y otros bienes comunes; como justicia correctiva, en la resolución judicial que rectifica pasadas injusticias entre individuos; y como justicia recíproca, en la regulación gubernamental de los intercambios de mercado. La noción aglutinadora de estas formas y, por efecto derivado, la plasmación del lazo socio-político de la amistad, no es otra que la de bien común, fin natural absoluto de la comunidad política que incorpora, en un arreglo de justicia, un procedimiento de distribución justa de bienes públicos, un esquema recíproco de cambio y atención de las necesidades y un recurso correctivo de las transgresiones producidas en los tratos civiles. El concepto "procesal" de naturaleza resulta, a tal respecto, completamente esencial: los diferentes grupos que componen la *polis* son ubicados en diferentes funciones al interior del organismo social, de modo que podría afirmarse, en correspondencia con aquél, que una ciudad se hallará en una condición de justicia natural (*katá phýsin*) si se ha generado naturalmente y ha sido luego legalmente instaurada, alcanzando, en virtud de las fuerzas sociales operantes, el desarrollo pleno que se verifica en la autarquía político-económica y que se traduce en las condiciones efectivas para la práctica política y el perfeccionamiento humano" (Tierno, 2008: 255).

En resumen, cuando hicimos referencia al concepto clásico de ideología es porque se toma un rasgo particular y se lo hace valer con un sentido de totalidad. Será, entonces, por ese mismo rasgo específico, que se distribuirán los cargos y magistraturas. De esta forma, absolutizando un atributo (la riqueza) se legitimará la exclusión mayoritaria de adquirir libertad política dado que la mayoría es pobre. Asimismo, si miramos la cuestión más de cerca, podremos visualizar que la riqueza puede considerarse un atributo particular mientras que la libertad un atributo general; los oligarcas son ricos, pero también libres, pero los demócratas son libres, pero no ricos. Es menester no perder de vista que no se está hablando de la libertad en general sino de la libertad política. No obstante, lo realmente significativo es que Aristóteles, para caracterizar a la democracia, no hace alusión a la pobreza –aunque es el otro atributo implícito, pero muy explícito en otros pasajes– sino a la libertad.[83]

---

83 Al respecto, es más que sugerente la visión de Rancière al develar "la propiedad impropia de la libertad". Desde esta óptica, la paradoja está dada por el hecho de que la libertad se revela como una ausencia de cualidad específica y, en tal sentido, los pobres constituyen la ausencia de cualidad. En suma, lo que quiere mostrar el pensador francés es que los pobres constituyen la parte que no tiene parte y el escándalo de la democracia no es otro que la deconstrucción de toda cualidad para ejercer el poder. Aristóteles tiene clara conciencia de tal problemática, por eso, contra la oligarquía muestra el problema de absolutizar un atributo como el de la riqueza pretendiendo su reemplazo por la categoría de los virtuosos, es decir, fundamentar una comunidad política basada en la virtud, para enfatizar la abismal diferencia entre la oligarquía y la aristocracia. Pero de facto, así como los pobres son la mayoría, los aristócratas, en los términos de Rancière, son también los ricos. De modo que todos estos elementos son importantes a la hora de legitimar a la *politeia* como régimen político, incluso no sólo como el mejor régimen posible sino, a veces, como el mejor régimen político. El problema de la óptica del pensador francés es que al mostrar el desprecio de Aristóteles por lo que podríamos denominar actualmente la democracia radicalizada –y nosotros coincidimos con Rancière en lo que atañe a la actitud despreciativa aristotélica de este tipo de democracia–, desestima los otros tipos de democracia legitimados por Aristóteles, al tiempo que tampoco enfatiza el profundo desprecio aristotélico por la oligarquía que siempre está axiológicamente por debajo de la democracia. De ahí su preferencia por una comunidad que también, en términos actuales, podríamos denominar de pequeños propietarios, calificación que va en detrimento de las grandes fortunas que deconstruyen la finalidad política tal como explicitamos en la *crematística*. Ver especialmente: Rancière, 1996 y 2006.

Otro de los aspectos cruciales está dado por la distinción aristotélica entre el interés particular y el interés general, motivo por el cual el Estagirita advierte que el cumplimiento de determinados pactos en vista a ciertos negocios –que competen a veces la función de la defensa–, si tiene como fundamento el interés particular –aunque sea el de cada uno–, no genera una auténtica comunidad política. De esta forma, Aristóteles se adelanta en parte a Rousseau al sostener que el bien o interés general no se reduce o comprende como la sumatoria de los intereses particulares. De este modo, vuelve a puntualizar que el fin de la comunidad política no es el vivir, sino el *buen vivir*, explicitando, empero, que tal finalidad sólo puede conseguirse por el camino de la virtud y no desde la sumatoria de los intereses particulares. No obstante, otra vez el Estagirita hace gala de su realismo, pues no dice que el intercambio sea innecesario –al pensarlo como medio y nunca como fin–, más aun, sostiene que es la comunidad política la que puede asegurarlo y no las facciones movidas por los asuntos privados los que puedan fundar una ciudad. Una vez especificado lo dicho, Aristóteles no vacila en extraer una conclusión que indudablemente es uno de los pasajes más agudos y luminosos de toda la *Política:*

> Hay que concluir, por tanto, que el fin de la comunidad política son las buenas acciones y no la convivencia. Por eso a los que contribuyen más a esa comunidad les corresponde en la ciudad una parte mayor que a los que son iguales o superiores a ellos en libertad o en linaje, pero inferiores en virtud política, o a los que superan en riquezas pero son superados por aquellos en virtud. (*Pol.* III, 9, 1281a)

En efecto, resulta diáfano que para Aristóteles la comunidad perfecta sólo encuentra fundamentación en el primado de las buenas acciones, incluso aun poniendo en tensión la propia idea de convivencia en el sentido más común del término, pues como anteriormente mencionamos, el fin de la política y la ética entendidas como disciplinas prácticas es orientar la realización de las mejores acciones posibles.

El capítulo 10 Aristóteles lo inicia evidenciando el gran problema que supone pensar quién/quiénes deben ejercer la soberanía en la comunidad política, "si la masa, los ricos, las clases superiores, el individuo mejor de todos o un tirano" (*Pol.* III, 10, 1281a). Después de sopesar todas las posibilidades, el filósofo desecha estas modalidades en tanto encierran un ejercicio despótico del poder. En este punto cabe remarcar que Aristóteles no sólo se preocupa de la tiranía de la mayoría, pero en los términos de que la masa no se rija por la ley, como es por caso la forma más corrupta de democracia, sino también de la tiranía de la minoría que repercute en los considerandos sobre la oligarquía. Recuérdese que para Aristóteles la oligarquía es todavía una forma más corrupta que la democracia, pero menos dañina que la tiranía.

Por otro lado, Aristóteles considera ilegítimo que la soberanía la ejerza el individuo más digno, ya que justamente privaría a la mayoría –por no decir a todos– de los honores que consistiría ejercer las diversas magistraturas. Tal afirmación es crucial al mostrar, una vez más, la gran relevancia que Aristóteles le otorga a la constitución de una esfera pública sin la cual es (en parte) imposible pensar la política.

En el capítulo 11 Aristóteles se dedica a mostrar lo que anticipamos en el 10, a saber, que es mejor la democracia (correcta o *politeia*) que la oligarquía e incluso a veces que la aristocracia –aunque esto debe matizarse anteponiendo ciertas reservas–. Vayamos directamente a la cita aristotélica que toca de lleno el asunto:

> ... que la masa debe ejercer la soberanía más bien que los que son mejores, pero pocos, podría parecer plausible y, aunque no exenta de dificultad, encerrar tal vez algo de verdad. En efecto, los más, cada uno de los cuales es un hombre incualificado, pueden ser, sin embargo, reunidos mejores que aquéllos, no individualmente, sino en conjunto (...). Como son muchos, cada uno tiene una parte de virtud y de prudencia, y, reunidos, viene a ser la multitud como un solo hombre con muchos pies, muchas manos y muchos sentidos, y lo mismo ocurre con los caracteres y la inteligencia. (*Pol.* III, 11, 1281a-b)

Es crucial el énfasis que el filósofo otorga a la noción de plausibilidad, sobre todo en el terreno de la *episteme* práctica, en el terreno de las acciones humanas que no pueden concebirse con la misma lógica que los entes inmutables. Justamente el rasgo de lo plausible hace que no se trate de una verdad absoluta. No menos sugerente es la referencia a un hombre *incualificado*, y ello no sólo porque no posee ningún atributo particular –salvo el de la libertad entendida, como ya vimos, como un atributo que no es específico– sino también porque podríamos hablar de un *hombre artificial (muchas manos, pies, etcétera),* en tanto hace que la multitud no pueda concebirse como átomos disgregados. Tal cuestión será un tópico central en toda la tradición republicana posterior que asume el desafío de convertir a una multitud en pueblo. En este pasaje seleccionado, es claro que el Estagirita está describiendo el ejercicio deliberativo de la asamblea, cómo las distintas opiniones van circulando y se recargan de nuevos sentidos, acotaciones, puntualizaciones y evaluación de las posibles consecuencias. De ahí la referencia a la relevancia de muchos pies, manos, sentidos, antes remarcada.

Posteriormente el filósofo observa que aquellos que participen de las magistraturas supremas no están exentos de riesgos, pero, al mismo tiempo, señala el peligro de lo contrario, pues "la ciudad donde hay muchos sin honores y pobres está forzosamente llena de enemigos" (*Pol.* III, 11, 1282b). Incluso la referencia de Aristóteles a Solón es más que ilustrativa para ejemplificar dicha temática:

> Queda la solución de que participen en las funciones consultivas y judiciales. De ahí que Solón y algunos otros legisladores los encargan de las elecciones de magistrados y de tomarles cuenta, pero no les permiten ejercer individualmente las magistraturas: pues todos juntos tienen suficiente sentido y mezclados con los mejores que ellos son útiles a sus ciudadanos, lo mismo que un alimento no puro mezclado con el puro hace el conjunto más provechoso que una cantidad escasa de alimento puro; pero cada individuo aislado es imperfecto para juzgar. (*Pol.* III, 11, 1281b)

Recordemos que Aristóteles no considera algo menor a las funciones deliberativas propias de la asamblea y a la función judicial de los tribunales populares, sino todo lo contrario, pues como anteriormente mencionamos, agrega un criterio más a los ya existentes (quién gobierna y cómo gobierna), al punto que no vacila en definir al régimen político en función de la ciudadanía. Nótese que a veces sostiene que en la asamblea reside el poder soberano en la medida en que aquellos que van a ocupar las primeras magistraturas lo hacen como resultado del ejercicio deliberativo y de la decisión dada por la propia asamblea.

Otro de los aspectos fundamentales de este apartado reside en el hecho de evidenciar que el arte político –entendido también como *praxis* política– no puede pensarse en analogía con las demás artes, o por lo menos con muchas de ellas, como la medicina, por ejemplo. En este aspecto en particular las diferencias entre Platón y Aristóteles son realmente profundas, pues son recurrentes en el primero las analogías entre el estadista y el médico. Asimismo, para ilustrar este punto, bastaría mencionar la relevancia que Aristóteles le otorga a las opiniones comunes generalizadas como punto de partida en tanto la diferencia entre *doxa* y *episteme* estriba más en distancias de grado que de esencia.[84] Dos citas clave permitirán justificar lo afirmado:

> ...y también porque de algunas cosas no es el que las hace ni el único juez ni el mejor; tal es el caso de todos aquellos de cuyas obras entienden también los que no poseen ese arte; por ejemplo, entender de la casa no es sólo cosa del que la ha hecho, sino que la juzga también mejor el que la usa (y el que la usa es el dueño); y juzga mejor el remo un piloto que el fabricante, y un festín el invitado y no el cocinero. (*Pol.* III, 11, 1282a)

> Porque el que manda no es el juez ni el consejero ni el miembro de la asamblea, sino el tribunal, la asamblea y el pueblo; y cada uno de los individuos mencionados es sólo una parte de estos (quiero decir que el juez, el consejero y el miembro de la asamblea son

---

84 En tal sentido, la noción de *doxa* refiere a las opiniones generalizadas que hay que analizar para indagar en su fundamento racional en el caso en que lo hubiese. Así, Aristóteles puede elaborar la estructura de un silogismo con premisas plausibles. Desde esta óptica, Mauricio Beuchot sostiene: "Los *tópicos* tienen como finalidad (a) ser por antonomasia la lógica dialógica aristotélica, y b) ser la lógica inventiva o del descubrimiento que complementa a la *Analítica*, que es la lógica demostrativa o justificatoria. Así, pues, no se trata de una teoría científica y otra no científica de la argumentación, sino de dos técnicas, igualmente científicas, una para la ciencia (Analítica) y otra para la discusión, fuera esta científica o no (Tópica). El mismo Aristóteles establece así el cometido de los *Tópicos* 'Encontrar un método por medio del cual podemos argumentar sobre cualquier problema propuesto, basándonos en premisas probables y evitar contradecirnos al ser examinados'" (Beuchot, 1985: 40). La referencia que toma Beuchot de Aristóteles es *Top.*, I, 6, 102 b35. Finalmente es interesante observar cierta familiaridad con el método socrático en lo que atañe a poner el énfasis en la lógica de la contradicción (refutación).

partes); de modo que es justo que la masa ejerza la soberanía sobre asuntos más importantes, ya que el pueblo, la asamblea y el tribunal están compuestos de muchos, y la propiedad de todos ellos juntos es mayor que la de los que desempeñan las magistraturas principales individualmente o en pequeño número. Baste con estas precisiones sobre el tema. (*Pol.* III, 11, 1282a)

Tampoco es una observación menor que Aristóteles especifique que aquellos que ocupan las primeras magistraturas son parte de esa totalidad y emergentes de la asamblea y, por tanto, no pueden arrogarse la soberanía como si fuese un bien particular. De igual modo, la referencia a la dimensión deliberativa como la más importante se comprende de suyo si se toma en consideración que partiendo de esa función deliberativa se decide quiénes ocuparían las primeras magistraturas. En definitiva, lo que Aristóteles percibe como altamente positivo es que dicho ejercicio deliberativo esté al alcance de la mayoría dotada de virtudes éticas, más no necesariamente de virtudes *dianoéticas,* que están reservadas a unos pocos.

Aristóteles comienza el capítulo 12 reflexionando acerca de todas las ciencias y artes resaltando cómo aquellas tienden a un fin natural. Señala que entre las ciencias prácticas hay una que es suprema entre todas (la ciencia política). Luego se pregunta por el bien político supremo y concluye que no puede ser otro más que el de la justicia. En este punto es sugerente la observación aristotélica que sostiene que intentar indagar acerca de la esencia de la justicia es tarea de la filosofía política.[85] Por otro lado, la

---

85   Una referencia más que aguda acerca de la relación entre filosofía y política, y acerca de la especificidad de la filosofía política, la provee el sugerente texto de Rancière ya citado: "Lo que hace de la política un objeto escandaloso es que se trata de la actividad que tiene como racionalidad propia la racionalidad del desacuerdo. El desacuerdo de la política por la filosofía tiene por principio, entonces, la reducción misma de la racionalidad del desacuerdo. Esta operación por la cual la filosofía expulsa de sí el desacuerdo se identifica entonces naturalmente con el proyecto de hacer 'verdaderamente política', de realizar la verdadera esencia de aquello de que habla la política. La filosofía no se convierte en 'política' porque la política es algo importante que necesita su intervención. Lo hace porque zanjar la situación de racionalidad de la política es una condición para definir lo propio de la filosofía. (...) Se intentará poner en evidencia, en el animal lógico-político, el punto donde el *logos* se divide, haciendo aparecer lo propio de la política que la filosofía rechaza con Platón y trata de apropiarse con Aristóteles" (1996: 11).

justicia en su sentido estrictamente político se vincularía siempre con la problemática de la igualdad y la desigualdad entendida en términos de poder, lo que reintroduce nuevamente el problema de la distribución de las magistraturas:

> Quizá diría alguno que las magistraturas deben distribuirse desigualmente según la superioridad en cualquier bien, si los ciudadanos no difieren nada en las demás cosas y son todos semejantes, pues los que son diferentes tienen distintos derechos y merecimientos. Pero si esto es verdad, el color, la estatura o cualquier otra excelencia será para los que la poseen ocasión de una mayor participación en los derechos políticos. Es notoria la falsedad de esto, y se pone de manifiesto en las demás ciencias y facultades; por ejemplo, si se trata de flautistas iguales en su arte, no se dará preferencia para las flautas a los de mejor linaje, pues no tocarán mejor, sino que se debe dar al instrumento más excelente al que es excelente en la función (...) Si uno de esos flautistas aventaja a los demás en su arte, pero es inferior en nobleza y hermosura, aunque cada una de estas cualidades sea un bien mayor que el arte de tocar la flauta (quiero decir la nobleza y hermosura), y su superioridad sobre este arte es proporcionalmente mayor que la de dicho flautista sobre los demás, no obstante se debe dar a ese flautista las mejores flautas; pues sería menester que la superioridad de riqueza y nobleza contribuyese a la función, pero no contribuye. (*Pol.* III, 1282b-1283a)

Dicho pasaje es de una gran riqueza, especialmente si se compara la justicia en la hermenéutica aristotélica con la consignada en el Libro IV por Platón en la *República,* pues es claro que Platón define a la justicia como hacer lo que corresponde según el orden de la naturaleza situada desde el registro de la diferencia. Así, el filósofo ateniense desplegará una célebre analogía entre las partes del alma y las partes del Estado (de su *Polis* ideal), dicha analogía está atravesada por la teoría de las cuatro virtudes nodales, de las cuales, algunas poseerán mayor especificidad para determinados estamentos, como es el caso de la valentía para el estamento de los guardianes, la *phrónesis* para los gobernantes, la templanza para los productores y, la principal y común a todos los estamentos, la justicia. Por ende, para legitimar un sistema de estamentos bien diferenciados, Platón define a la justicia como hacer lo que corresponde según el orden de la naturaleza que es pensada desde el registro ontológico de la desigualdad.[86] De hecho, Platón mostrará la importancia de observar la justicia en relación a la totalidad social diferenciada y el individuo como parte de un estamento.[87] Asimismo, es evidente que tal criterio platónico de justicia se constituye en el reverso de un régimen político en el que cada quien hace lo que le viene en gana y atenta contra el orden diferenciado de la naturaleza, específicamente la democracia.

Retomando la cita, en ella el Estagirita contrarresta dicha visión de justicia platónica, pues no se trata de fundamentar lo justo ni en función de un atributo –como, por ejemplo, ser alto, negro, blanco, rico o pobre, etcétera–, ni a partir de apelar al linaje o a un estamento social. De lo que se trata es de distribuir las magistraturas específicas en función de la excelencia –hoy diríamos de las capacidades– de aquellos que pueden desempeñar mejor una función, sobre todo como una cuestión de derecho. Asimismo, tomemos en consideración que esta cita está muy relacionada con lo que ya veníamos trabajando en los apartados anteriores, esencialmente los vinculados a las mejores acciones posibles. Recordemos que una de las citas que analizamos sostenía que el fin de la política no era la convivencia sino las mejores acciones. Nuevamente hay en la cita actual una deconstrucción de la idea de un atributo particular y el peligro de universalizar el mismo como criterio de justicia. De ahí que Aristóteles sostenga que el concepto de justicia va en coincidencia con el tipo de régimen político que represente, y en tal sentido siempre será una justicia relativa si se trata de un régimen político no correcto, por no

---

86 "En eso, pues, consiste la justicia. E inversamente, ¿no podríamos decir que cuando los comerciantes, los auxiliares y los guardianes se mantienen dentro de su clase y cada uno hace lo suyo, ese estado de cosas, contrario al anterior, hace justa a la ciudad?" (*Rep.* 434c).

87 "Entonces el hombre justo, en cuanto lo sea, en nada se diferenciará de la ciudad justa y le será semejante. (...) pero la ciudad nos pareció justa cuando las tres clases de naturaleza que la componen llenaban las funciones que le son propias, y así la hemos llamado temperante, valerosa y prudente en razón de ciertas disposiciones y cualidades correspondientes a esas mismas clases (...) Por consiguiente, amigo mío, si hallamos en el alma del hombre las partes que corresponden a las clases de la ciudad, y si tienen aquéllas las mismas cualidades que éstas, merecerá con razón los mismos calificativos que la ciudad" (*Rep.* XI,435b-c).

decir, una injusticia, como es el caso de la oligarquía en donde el criterio o atributo es la riqueza. En el caso de la tiranía no se podría hablar de justicia alguna, y en relación a la democracia habría que distinguir los distintos tipos de democracia, cuestión que haremos en páginas ulteriores, pero bastaría simplemente mencionar aquí que hay un tipo de democracia muy cercana a la *politeia,* en la que gobierna la ley, en un extremo, y en el otro, el peor tipo de democracia en donde impera el accionar del demagogo.[88]

La otra cuestión presente en el capítulo 12 –tan relevante como la primera– refiere a la especificidad de cada bien en particular y la función inherente al mismo.

> Puesto que esto es imposible, es evidente que en cuestiones políticas es razonable no fundarse en cualquier clase de desigualdad para aspirar a las magistraturas (en efecto, si unos son lentos y otros rápidos, no por eso deben tener unos más y otros menos, pues en los certámenes gimnásticos es donde se aprecia esa diferencia), sino que la pretensión de las magistraturas debe fundarse en las facultades que constituyen la ciudad. (*Pol.* III, 12,1283a)

Nuevamente el filósofo pone en primer plano la tarea de pensar las diferentes magistraturas en relación al desempeño de las funciones que hay que desplegar en la ciudad. Sin embargo, el Estagirita no descuida la base económica y social que debe poseer una auténtica *polis* con los caracteres respectivos que acompañan a cada estamento social, si bien su perspectiva política apuesta por la no asimetría desmesurada de los estamentos sociales. Así, sostiene el filósofo, es necesario contar con el atributo de la libertad, aportar una contribución por la propiedad, tener capacidad para la guerra, entre otros aspectos.

En el capítulo 13 parecería que Aristóteles relativiza en cierto sentido –aunque dado su realismo sigue considerando importan-

---

88   Otro tanto podría decirse de otros regímenes políticos, pues también Aristóteles muestra que hay distintas sub-clases de oligarquía, y la mejor de ellas se aproxima igualmente a la *politeia,* y de modo análogo, las aristocracias realmente existentes. No obstante, habría un privilegio del mejor tipo de democracia, en tanto que Aristóteles se refiera a ella como una auténtica república.

te la composición social de la *polis*– que se comprenda a la ciudad sólo desde los aspectos estamentales. Razón por la cual afirma:

> Desde el punto de vista de la existencia de la ciudad podría parecer que hay que tener en cuenta todas estas condiciones o algunas de ellas, pero desde el punto de vista de la vida buena sería justo atender principalmente a la educación y la virtud, como antes dijimos; sin embargo, como no deben tener una parte igual en todo los que sólo son iguales en un respecto, ni una parte desigual los que son desiguales en un respecto, todos los regímenes semejantes son forzosamente desviaciones. (*Pol.* III, 13, 1283a)

En la cita precedente resulta evidente que la alusión se dirige tanto a la oligarquía como a la democracia y que la igualdad y la desigualdad se alimentan recíprocamente. En el caso de la oligarquía, la igualdad en relación al dinero es la que produce la desigualdad en el resto de la totalidad social; en el caso de la democracia, la igualdad de todos en relación a la libertad política hace que se anulen diferencias también centrales para la existencia de la *polis* y en el fondo se constituya como hegemónico el criterio cuantitativo, dado que los pobres son la mayoría. Sumado a ello, ambos regímenes no están orientados al cultivo de la virtud y a la excelencia de las acciones, aunque una vez más es importante recalcar que el filósofo prefiere a la democracia por sobre la oligarquía, claro que, en un sentido axiológico puro, porque también es cierto que, entre el peor tipo de democracia y el tipo menos malo de oligarquía, el Estagirita optaría por este último.

Paso siguiente, Aristóteles sostiene que la justicia es una virtud de la comunidad, y si la comunidad se entiende como la convergencia de acciones que tienden al bien común, el acento vuelve a ponerse en el criterio de la mayoría sobre la minoría.

> Todo esto parece poner de manifiesto que ninguno de los criterios en virtud de los cuales unos hombres consideran justo mandar ellos y que todos los demás les obedezcan es recto. Porque indudablemente a los que se juzgan dignos de ejercer el poder supremo en el gobierno por su virtud, y los mismo a los que se fundan en su riqueza, podrían replicarles la masas con un argumento justo, ya que nada impide que en ocasiones la masa sea mejor y más rica que la minoría, no cada individuo sino todo junto. (*Pol.* III, 13, 1283b)

Es interesante notar que Aristóteles está sosteniendo que la masa puede ser mejor, no sólo en lo que respecta al criterio de la riqueza, sino en relación a los nobles, a los de mejor linaje, a aquellos sectores en donde reina la virtud. En este sentido, es más que posible que Aristóteles esté pensando en la *politeia,* en ese régimen en donde impera un tipo de virtud que no está por fuera de la mayoría como sí sucede en algunas aristocracias. Así se entiende por qué el argumento de Aristóteles apela al criterio cuantitativo al referirse a la constitución de la *polis* y prefiera, por tanto, una comunidad integrada por una mayoría virtuosa que un individuo con virtudes extraordinarias dado que, por sí sólo, no puede constituir una ciudad o *ethos* ciudadano. En consecuencia, Aristóteles advierte la necesidad en mayúscula de la constitución de un *ethos* ciudadano remarcando que no puede estar conformado sólo por algunos.

Sin embargo, el análisis de la cita siguiente permitirá relativizar lo que anteriormente sostuvimos:

> Pero si hay algún individuo, o más de uno, pero no tantos que por sí solos puedan constituir la ciudad entera, tan excelentes por su superior virtud que ni la virtud ni la capacidad política de todos los demás pueda compararse con las suyas, si son varios, y si es uno solo, con la suya, ya no se los deberá considerar como una parte de la ciudad, pues se lo tratará injustamente si se los juzga dignos de iguales derechos que los demás, siendo ellos tan desiguales en virtud y capacidad política; es natural, en efecto, que un hombre tal fuera como un dios entre los hombres. (*Pol.* III, 13, 1284a)

El núcleo del pasaje está puesto en la analogía entre lo humano y lo divino, pues un hombre con virtudes tan extraordinarias sería como un dios. Aristóteles se abre a la posibilidad de la existencia de tal hombre, claro que desde la excepción y no desde el lugar de la regla, por eso sostiene que tal hombre es su propia ley, que tal hombre no formaría parte de la ciudad pero que, al mismo tiempo, todos deberían obedecerle. Así el filósofo sostiene: "No queda más solución que la que parece natural: que todos obedezcan de buen grado a un hombre tal, y que él y sus semejantes sean reyes perpetuos en sus ciudades" (*Pol.* III, 13, 1284b).

Se entiende, así, la complejidad por la cual la monarquía[89] es considerada la mejor forma de gobierno, casi un gobierno divino, pero también una rareza, poco frecuente por la casi imposibilidad de encontrar un hombre con sobresalientes virtudes. Esta posibilidad deja, además, incierta la necesidad de un *ethos* ciudadano, motivo por el cual se suspende la regla de la ciencia política vinculada a la simetría y la alternancia. En el fondo podría suponerse la presencia aquí de un esquema paternalista; no es por acaso que se vincula a la monarquía con el gobierno del padre sobre los hijos.

Por otro lado, aun en las circunstancias en que se encontrase tal hombre, Aristóteles no deja de mostrar cierto escepticismo en lo que respecta a que la mayoría de los hombres se sometan a dicho gobierno. Por ende, es sutil al caracterizar a su propia época y la mirada de ésta sobre aquellos hombres que sobresalgan. Es en tal sentido que el filósofo expresa los dispositivos enmarcados en el ostracismo. Incluso, daría la impresión de que, por un lado, censura a su propia época por no alojar tales singularidades excepcionales castigándolas con el ostracismo y, por otro, no pierde de vista el peligro que supone ciertas excepcionalidades en la comunidad política.

---

89 Indudablemente uno de los interrogantes más complejos del pensamiento político de Aristóteles radica en su posición teórica en lo que atañe a caracterizar políticamente la monarquía macedónica de Alejandro. Incluso, muchos comentaristas suponen que los aspectos positivos que Aristóteles le asigna a la monarquía no estaban disociados de la expansión macedónica, contrarrestando, así, la perspectiva teórica hegemónica que sitúa a Aristóteles como pensador exclusivo de la espacialidad acotada de la *polis*. De hecho, es muy interesante observar cómo la monarquía se sitúa en la *Política* en dirección hacia el pasado, y al mismo tiempo Aristóteles sea consciente de la caída de la *polis* en pos de una nueva lógica focalizada en una monarquía imperial. Nosotros creemos que Aristóteles está convencido de la relevancia de una esfera pública sin la cual no puede pensarse la política. En esta perspectiva juega la posición de Julián Marías: "La razón de que Aristóteles, a pesar de vivir en tiempos de Alejandro –como tanto se ha repetido–, a pesar de asistir al vaciamiento de las ciudades y al establecimiento de grandes monarquías territoriales, permanezca afincado en el ideal de la ciudad, es que, entre todas las comunidades, es la *polis* la que tiene *politeia*" (Marías, 2012: L). Claro que en este caso la acepción de *politeia* es constitución en general.

Para una mayor profundización en tal problemática se recomienda el trabajo de Florencio Hubeñak, "Las relaciones entre Aristóteles y Alejandro Magno" (1994).

Veamos dos citas clave con sus respectivos análisis para desentrañar estos aspectos específicos del ostracismo:

> Esto no conviene sólo a los tiranos, ni son los tiranos los únicos que lo hacen, sino que sucede lo mismo en las oligarquías y en las democracias, pues el ostracismo tiene en cierto modo el mismo efecto, por eliminar y desterrar a los que descuellan. Lo mismo hacen con ciudades y pueblos enteros los que son dueños del poder, como han hecho los atenienses con los de Samos, Quíos y Lesbos (una vez que, en poco tiempo, los tuvieron dominados por la fuerza, los humillaron contra lo pactado). (*Pol.* III, 13, 1283a-1284b)

Como bien revela el pasaje, en un primer momento parecería que el ostracismo se aplica fundamentalmente al interior de cada ciudad, pero luego Aristóteles muestra que también se aplica en relación a las ciudades subyugadas, fundamentalmente desterrando a la casta gubernamental de esas ciudades.

Por otro lado, el Estagirita describe cómo el ostracismo se da también en los regímenes políticos correctos. Por tanto, el problema no es el ostracismo en sí mismo, sino el buen uso o mal uso que puede hacerse de éste.

> El problema es general (el del *ostracismo*) y se da en todos los regímenes, incluso en los rectos, pues si bien sus desviaciones hacen esto volviendo sus miras hacia el interés particular, lo mismo sucede con los regímenes que no lo hacen así, sino que las dirigen al bien común. Lo mismo puede observarse en las demás artes y ciencias: el pintor no permitirá que la figura tenga un pie que exceda de la simetría, por hermoso que sea (...), ni el instructor de un coro dejará participar en él al que tenga más y mejor voz que todo el coro; de suerte que, por la misma razón, nada impide la buena armonía[90] entre los monarcas y sus ciudades, si hacen esto siendo beneficioso su propio poder para estas ciudades. Por eso el argumento en favor del ostracismo tiene cierta razón cuando se funda en una superioridad reconocida. Mejor sería, no obs-

---

90   La noción de armonía también será una categoría central para la tradición y actualidad del republicanismo, pues dicha analogía entre la noción de concordia (noción política) y la noción de armonía (categoría musical) es fuerte cuando se quiere mostrar que la armonía musical supone notas diferentes al igual que la noción de pueblo republicano supone estamentos sociales diferenciados al tiempo que pueden converger en un interés en común: el amor por la patria.

tante, que el legislador, desde el principio, hubiera organizado el régimen de modo que no necesitara tal remedio; sólo en segundo término debería uno embarcarse, llegado el caso, en intentar una rectificación de esa clase. (*Pol.* III, 13,1284b)

En síntesis, habría diferentes causas en relación al ostracismo. Por un lado, aquella motivada por los regímenes incorrectos, regímenes que perciben el peligro de hombres extraordinarios dotados de grandes virtudes; por otro, el derivado de las diferentes luchas de facciones políticas, siendo el vencedor el que haga ejercicio del ostracismo aplicado al sector gobernante, o cuando una *polis* subyuga a otra, deportando su casta gubernamental. En el caso de los regímenes correctos, el acento está puesto en que éstos deben cuidar la armonía de la totalidad social, y lograr, cuando se puede, que esas virtudes extraordinarias de esos hombres extraordinarios, estén al servicio de la comunidad política.

Tomando en cuenta todo lo dicho, Aristóteles aclara que el ostracismo debería ser una medida última, extrema, por eso finaliza el capítulo enfatizando nuevamente que, de existir un hombre así, los demás integrantes de la comunidad deberían obedecerlo de buen grado.

En los capítulos 14, 15 y 16 Aristóteles se aboca específicamente a la cuestión de la monarquía. Es menester mencionar algunos aspectos centrales de estos libros, aunque no sea más que someramente.

En el capítulo 14 Aristóteles explicita que existen cuatro tipos de monarquías, realizando una descripción de cada una, pero luego agrega una quinta. En tal sentido, es importante observar cómo ésta última estaría fuertemente vinculada a la administración doméstica, tal como si el límite de lo político y lo doméstico, contrariamente a la interpretación hegemónica de Aristóteles que hace hincapié en la categórica diferenciación entre lo político y lo doméstico, fuese laxo. Por ende, parte de agregar esta quinta forma de monarquía es para destacar que es una clase cualitativamente diferente de las restantes, y que podemos caracterizar como monarquía absoluta. Vayamos a la síntesis de cada una de ellas realizada por el propio filósofo:

Estas son las formas de monarquía, cuatro en número: una, la de los tiempos heroicos (ésta se ejercía con el asentimiento de los súbditos y en algunos casos por un tiempo ilimitado; el rey era general y juez y tenía autoridad en los asuntos religiosos); la segunda es la de los bárbaros (éste es un gobierno despótico y legal fundado en la estirpe); la tercera, la llamada *aisymneteia* (que es una tiranía electiva); y la cuarta, la de Laconia (ésta es, para decirlo en pocas palabras, un generalato vitalicio fundado en la estirpe) (...) Hay una quinta forma de monarquía cuando un individuo tiene autoridad sobre todas las cosas, como cada pueblo y cada ciudad la tiene sobre los asuntos de la comunidad; esta clase de monarquía corresponde a la administración doméstica, pues así como la administración es una especie de monarquía de la casa, la monarquía de una ciudad o de un pueblo es una administración de uno o de varios. (*Pol.* III, 14, 1285b)

En el capítulo 15 Aristóteles se propone analizar dos tipos de monarquías de las anteriormente establecidas: la vinculada a la administración doméstica y la de los laconios, pues el Estagirita afirma que las demás monarquías se sitúan en una posición intermedia con respecto a aquellas dos, dado que tienen menos poder que la monarquía absoluta y más que la laconia.

Los dos puntos de vista que el filósofo quiere desarrollar se concentran en dos interrogantes, uno agotado rápidamente: "si conviene o no a las ciudades que el general sea vitalicio, y por derecho de linaje o por turno" (*Pol.* III, 15, 1286a). La respuesta aristotélica es que dicha pregunta es más propia de la legislación que de la monarquía como régimen específico, pues el generalato puede darse también en los otros regímenes políticos sin contradicción alguna. El segundo interrogante, en verdad, que es el que realmente importa al Estagirita, estriba en "si conviene o no que un solo hombre tenga el poder supremo en todas las cosas" (*Pol.* III, 15, 1286a).

La conclusión de Aristóteles, en parte, se armoniza con el argumento anteriormente establecido de que: *si existiese un hombre con cualidades tan extraordinarias, todos deberíamos subordinarnos a su decisión*. No obstante, habría que sopesar muy bien la conveniencia de esto a la luz de las circunstancias motivadas por ciertas contingencias; por eso, sostiene Aristóteles, conviene más una *politeia* que una monarquía encarnada por un hombre no extraordinario, ya que ésta podría degenerar fácilmente en tiranía. Incluso, el Estagirita extrema su argumento, de ahí que el núcleo teórico del capítulo 15 pueda sintetizarse en este párrafo clave: "lo primero que debemos considerar en esta investigación es si conviene más ser gobernado por el mejor hombre o por las mejores leyes" (*Pol.* III, 15, 1286a). A modo de desentrañar dicha problemática, Aristóteles sintetiza, en primer término, el argumento de los partidarios de la monarquía que consiste en mostrar que las leyes tienen un carácter general y, por tanto, no son operativas a la hora de decidir sobre cuestiones concretas:

> Es evidente, pues, por la misma causa, que el régimen fundado en disposiciones escritas y leyes no es el mejor. Pero ciertamente aquel principio universal lo deben poseer también los gobernantes, y es mejor aquello en que no se da en absoluto la pasión que aquello en que es innata; ahora bien, en la ley no existe, pero en cambio toda alma humana la tiene necesariamente. Quizá podría replicarse que deliberará mejor sobre las cosas concretas. (*Pol.* III, 15, 1286a)

Del parágrafo seleccionado, al menos hay que destacar el modo en que Aristóteles afirma y al mismo tiempo relativiza lo afirmado. Por un lado, acuerda que el régimen fundado en disposiciones escritas y leyes no es el mejor, pero enseguida sostiene que el elemento universal que habita en las leyes no debe estar ausente en el ejercicio y en la formación de los gobernantes, incluso adelanta así una formulación de un libro posterior: *que la ley es carente de pasiones, y en esto radica su entera racionalidad*. No obstante, Aristóteles asume también el argumento de que las leyes no pueden legislar sobre cuestiones concretas. De igual modo, en este mismo apartado, Aristóteles supo señalar que los médicos egipcios al cuarto día de tratar a un enfermo sin buenos resultados no tenían problema de apartarse de las prescripciones generales. Sin embargo, desde la misma perspectiva aristotélica se podría argumentar que para ser médico es necesario conocer las prescripciones generales. En consecuencias, parecería ser que ambas dimensiones son importantes en la praxis de la medicina. Así, una vez asumido que las leyes no pueden legislar sobre situaciones concretas o singulares, el Estagirita retoma el argumento desarrollado antes, es decir, que para los casos concretos es mejor la deliberación colectiva que la de un sólo hombre:

En cuanto a las cuestiones que la ley no puede decidir en absoluto o no puede decidir bien, ¿deben estar al arbitrio del mejor o de todos? En la actualidad todos reunidos juzgan, deliberan y deciden, y estas decisiones se refieren todas a casos concretos. Sin duda cada uno de ellos, tomado individualmente, es inferior al mejor, pero la ciudad se compone de muchos, y por la misma razón que un banquete al que muchos contribuyen es mejor que el de uno solo, también juzga mejor una multitud que un individuo cualquiera. Además, una gran cantidad es más difícil de corromper, por ejemplo, una gran cantidad de agua se corrompe más difícilmente que una cantidad pequeña, y así la muchedumbre es más incorruptible que unos pocos: si el individuo está dominado por la ira o por cualquier otra pasión semejante, su juicio se corromperá necesariamente, mientras que en el otro caso tendrían que irritarse y errar todos a la vez. (*Pol.* III, 15, 1285a)

Como puede observarse, al argumento ya mencionado varias veces de la superioridad de la multitud en materia de deliberación se agrega el argumento decisivo de la corrupción. En este punto no es irrelevante recordar que el reverso axiológico y no necesariamente cronológico de la monarquía al corromperse es la tiranía. Así se entiende el miedo de Aristóteles en la medida en que se muestra escéptico en lo que atañe a la posibilidad de encontrar un hombre con cualidades casi divinas. Su argumento es muy sutil, pues la analogía con lo divino es simplemente para marcar el límite con cierta imposibilidad. Por otro lado, en la cita también es esencial la referencia a la actualidad, estimada de forma muy positiva por Aristóteles en lo que respecta a sostener que es mejor la aristocracia que la monarquía, y en un sentido laxo la *politeia,* si se entiende como prioritario la constitución de la esfera pública con mayor extensión. En suma, el filósofo ve en la monarquía una forma política antigua, que es sucedida cronológicamente por la aristocracia, en donde ya hay esfera pública, aunque restringida, y culmina en la democracia y la *politeia* que, en este último caso, es para el filósofo el mejor régimen político posible, aunque nuestra interpretación se orienta en sostener que es el mejor régimen político en sentido fuerte si el énfasis se ubica en la constitución de un *ethos* ciudadano amplio y fuerte.

Subrayemos lo dicho con la cita en la cual Aristóteles manifiesta su preferencia por la aristocracia con respecto a la monarquía para mostrar que, si bien axiológicamente la monarquía es mejor que la aristocracia, a la luz de determinadas circunstancias tal jerarquía puede alterarse:

> Podrá replicarse que en el número mayor surgirán disensos, cosa que no puede ocurrir si se trata de uno sólo. Pero a eso podrá responderse que son de alma recta, como aquel único. Y si el gobierno de unos cuantos hombres, todos ellos buenos, se llama aristocracia, y el de uno, monarquía, la aristocracia deberá considerarse mejor que la monarquía para las ciudades, tanto si el gobierno se apoya en la fuerza como si no, siempre que sea posible reunir unos cuantos semejantes. (*Pol.* III, 15, 1286b).

Luego, Aristóteles describe cómo se fueron sucediendo los regímenes políticos y sus posibles corrupciones:

> La razón de que los regímenes más antiguos fueran monarquías es quizá que rara vez se encontraban hombres que se distinguieran mucho por su virtud, especialmente siendo entonces pequeñas las ciudades. Por otra parte, designaban a los reyes por los beneficios recibidos, y los beneficios son siempre obra de hombres buenos. Pero cuando se dio el caso de que hubo muchos semejantes en virtud, ya no soportaron el gobierno de uno sólo, sino que buscaron cierta comunidad y establecieron una república. Después, cuando se corrompieron y enriquecieron a expensas del tesoro público, se abrió el paso verosímilmente a las oligarquías, pues empezaron a estimar la riqueza. De las oligarquías pasaron primero a las tiranías, y de las tiranías a la democracia, pues al reducir cada vez más el número, por afán de lucro, hicieron más fuerte al pueblo que acabó por imponerse y establecer la democracia; y desde que las ciudades son mayores, quizá no es ni siquiera fácil que surja otra forma de gobierno distinta a la democracia. (*Pol.* III, 15, 1286b)

Lo fundamental es no perder de vista que, desde una perspectiva histórica en clave diacrónica, Aristóteles muestra cómo se va de un régimen (la monarquía) que no puede ser caracterizado desde la constitución de una esfera pública –independientemente de que el monarca cuente con consejeros y asesores, pero que no deben confundirse con ciudadanos en el sentido más activo del término–, hasta llegar a la democracia que constituye el régimen político cuya esfera pública es la más extensa de todas. Asimismo, la frase aristotélica que enuncia la dificultad de que surja otra forma de gobierno, muestra nuevamente su realismo en lo que atañe a observar las complejidades de la *polis* en función de la conflictividad que ya suponen vínculos no sanguíneos, al igual que la conformación de grupos sociales heterogéneos que reclaman inclusión.

Por último, después de todas las consideraciones efectuadas por el filósofo, es sugerente que formule un nuevo interrogante: "suponiendo que el régimen mejor para las ciudades sea el monárquico, ¿qué actitud deberá tomarse respecto a los hijos del rey? ¿Deberán heredar el trono? Esto será perjudicial si son como algunos han resultado" (*Pol.* III, 15, 1286b). La observación aristotélica gira en torno a evidenciar que, si se había convenido en que un auténtico monarca debería tener virtudes extraordinarias, las mismas no tienen por qué ser transmitidas a sus descendientes.

Otra problemática que Aristóteles considera importante en lo que respecta a establecer ciertas prescripciones para evitar que la monarquía devenga en tiranía, está dada por la limitación de que el rey cuente con una fuerza absoluta. Vayamos directamente al parágrafo que habla por sí mismo:

> El rey debe tener una fuerza, y ésta debe ser superior a la de cualquier individuo o grupo, pero inferior a la del pueblo, como las guardias que concedían los antiguos cuando nombraban a alguien *aisymneta* o tirano de la ciudad. Así, cuando Dionisio pidió una guardia, alguien aconsejó a los siracusanos que se le diera un número limitado de guardias. (*Pol.* III, 15, 1286b)

En sintonía con el capítulo anterior, en el capítulo 16 Aristóteles se orienta a investigar el tipo de monarquía que más lo inquieta: la monarquía absoluta, pues aquella conforme a la ley no presenta problema para Aristóteles en tanto no es considerada por el Estagirita como una forma especial de régimen, puesto que el generalato vitalicio –que es su característica principal– también se puede incorporar, por ejemplo, a una aristocracia o democracia. En este capítulo, Aristóteles consigna el objeto de la ciencia política, algo que ya había referido en el libro I, concentrándose en particular en la relación simétrica entre gobernante y gobernado, simetría en función de su alternancia. Ahora bien, agrega que tal alternancia ocurre según una ley. En ese sentido, es claro que esta observación puede tomarse como una crítica a la monarquía absoluta:

> Por tanto, es justo gobernar y ser gobernado por igual, y que ambas cosas se hagan por turno. Esto ya implica una ley, puesto que el orden es una ley. Luego es preferible que la ley gobierne antes que uno cualquiera de los ciudadanos, y en virtud de la misma razón, aun en el caso de que sea mejor que gobiernen varios, éstos deben ser instituidos como guardianes y servidores de las leyes, pues es forzoso que haya magistrados, pero se afirma que no debe ser uno solo, al menos cuando todos son iguales. (*Pol.* III, 16, 1287a)

Dicho pasaje permite poner el acento en el entusiasmo que Aristóteles muestra ante el primado de la ley. En esta línea, este capítulo podría interpretarse como una respuesta al interrogante esbozado de si es mejor que gobierne la ley que un hombre extraordinario. Aristóteles sostiene:

> Pero la ley educa expresamente a los gobernantes y prescriben que éstos juzguen y administren con el criterio más justo lo que cae fuera de su alcance. Es más, concede la facultad de rectificarla cuando la experiencia sugiera alguna mejora de sus disposiciones. Por tanto, el que defiende el gobierno de la ley defiende el gobierno exclusivo de la divinidad y la razón y el que defiende el gobierno de un hombre añade un elemento animal, pues no otra cosa es el apetito, y la pasión pervierte a los gobernantes y a los mejores de los hombres. La ley es, por consiguiente, razón sin apetito. (*Pol.* III, 16, 1287a)

Es esencial dilucidar qué entiende Aristóteles por educación pues, como expresión de la mentalidad antigua, la educación es fundamentalmente regulación de las pasiones. De ahí que la antigüedad enfatice como una de las virtudes principales a la templanza como la virtud del autogobierno; de ahí también que la ley pueda interpretarse como razón sin apetito, aunque tal vez habría que decir mejor, para echar mano de una categoría psicoanalítica, la que regula el goce. Por ende, no es casual que en la *Apología* Sócrates decida morir por afianzar una ley que, aunque injusta, es preferible a un mundo sin ley, y que, por caso, el propio Aristóteles declare en el libro I que un hombre sin ley es un animal o un dios. Por esta misma razón, los regímenes impuros pueden interpretarse como el reinado de los apetitos sobre la parte racional del alma, en donde la tiranía ocupa el primer sitio.

En segundo lugar, y nuevamente ante el interrogante de si debe gobernar el mejor hombre o las leyes, recordemos que una de las citas que habíamos trabajado fue aquella en la que Aristóteles aducía que los regímenes basados en las leyes escritas no eran los mejores. En este capítulo se retoma la cuestión y ahora, el Estagirita, de forma categórica, pone énfasis en las leyes consuetudinarias. En sus propias palabras: "Además, las leyes consuetudinarias son más importantes y versan sobre cosas más importantes que las escritas, de modo que aun cuando el hombre que gobierna sea más seguro que las leyes escritas, no lo es más que las consuetudinarias" (*Pol.* III, 16, 1287a).

El pasaje es fundamental, especialmente en lo que respecta al vínculo entre la ética y la política. Recordemos, una vez más, que Aristóteles distingue dos tipos de virtudes: las *dianoéticas* (que se alcanzan con estudio) y las éticas (vinculadas a las costumbres, es decir, a lo consuetudinario). Así, ética proviene de *ethos,* que justamente quiere decir costumbres. Tal apreciación será fundamental para entender la relevancia de la *Politeia* como régimen político que anuda fuertemente la ética con la política, tópico que trabajaremos en el libro VI.

En el capítulo 17 Aristóteles realiza una síntesis final de los libros anteriores, y aparece una vez más como significante primordial la categoría de naturaleza. Así, los regímenes políticos impuros son antinaturales y los puros responden al orden de la naturaleza. Sobre este aspecto cabe señalar que lo interesante es que Aristóteles utilice el criterio de la conveniencia, ligada a la existencia de un determinado *ethos*, como núcleo esencial para derivar los regímenes políticos.

> Cuáles son estas condiciones, vamos a decirlo, aunque en parte lo hemos dicho ya. Pero primero hemos de definir qué grupos deben ser gobernados por un rey, cuáles por una aristocracia y cuáles por una república. Es adecuado para el gobierno monárquico el pueblo que de un modo natural produce una familia que descuella por su aptitud para la dirección política; es apto para el gobierno aristocrático el pueblo que de un modo natural suministra una multitud que puede ser gobernada con gobierno de hombres libres

por aquellos a quienes su virtud capacita para la dirección en el gobierno político; y es un pueblo republicano aquel en que de modo natural se da una masa guerrera, que puede ser gobernada y gobernar según la ley y que distribuye las magistraturas entre los ciudadanos acomodados según sus méritos. (*Pol.* III, 17, 1288a)

Habría, entonces, un significativo *plus* centrado en las distintas modalidades que asume un pueblo. Así, lo realmente decisivo de dicho pasaje es que es el pueblo el que produce o puede producir un régimen político a su medida, siendo, incluso, sus dirigentes un emergente de aquel. Una vez más el Estagirita privilegia la noción de *ethos* como dador de sentido a su cosmovisión política. Asimismo, y en lo que respecta a la referencia específica a la monarquía en la cita, daría la impresión de que Aristóteles quiere resolver la problemática de la monarquía hereditaria, pues si nos retrotraemos a páginas anteriores de nuestro escrito, notaremos que Aristóteles dejaba al descubierto que un hombre con cualidades extraordinarias, si las hubiera, no necesariamente extrapolaría esas virtudes excelsas a sus descendientes. En este parágrafo actual Aristóteles refiere a un pueblo que es capaz de producir una familia –no un hombre– que descuella por sus virtudes.

En el capítulo 18, el último del libro III, Aristóteles retoma y finaliza la cuestión del buen hombre y el buen ciudadano, para mostrar que "la virtud del hombre y la del ciudadano de la mejor ciudad, son necesariamente la misma" (*Pol.* III, 18, 1288a). Este punto es interesante porque Aristóteles hace referencia a la mejor ciudad, como si los hombres virtuosos fuesen fruto de una ciudad virtuosa. Dicha afirmación resulta razonable, dada la importancia que Aristóteles le asigna a las costumbres. De ahí la dimensión ético política de su propuesta, sin desmedro de que aún la mejor ciudad no puede estar habitada por una totalidad de hombres buenos.

Comentarios al Libro VI

En el apartado 1 del libro VI de la *Política* (según la clasificación de Newman-Marías que venimos trabajando), Aristóteles enuncia una consideración de gran peso por las implicancias prácticas:

> En efecto, no hay que considerar exclusivamente el mejor régimen, sino también el posible e igualmente el que es relativamente fácil de alcanzar y adecuado para todas las ciudades. (*Pol.* VI, 1, 1288b)

A continuación, aparece un tópico que constituye una constante en toda la *Política*. Se trata de la relación de los regímenes políticos con las leyes:

> El régimen político en la organización de las magistraturas en las ciudades, cómo se distribuyen, cuál es el elemento soberano y cuál el fin de la comunidad en cada caso; las leyes, por su parte, son independientes de las características del régimen, y según ellas deben mandar los gobernantes y vigilar a los transgresores. (*Pol.* VI, I, 1289a)

Si bien, por un lado, Aristóteles aduce que las leyes son independientes de las características de los regímenes, tal independencia hay que interpretarla sólo en términos analíticos, pues otras veces el Estagirita también afirma que las leyes dependen o son relativas al régimen político, tal como ya mencionamos en nuestro escrito. En este pasaje concreto, Aristóteles se orienta fundamentalmente a indagar en la esencialidad de la ley en cuanto tal,[91] haciendo abstracción de las diferencias específicas vinculadas con los regímenes políticos. Es decir, lo que nuestro pensador quiere señalar son dos notas esenciales sin las cuales no puede entenderse la propia noción de ley: el mando y la obediencia, pues todo régimen político sólo puede subsistir si se cumplen estas dos funciones, y desde esta perspectiva es la ley o las leyes las condiciones de posibilidad de la existencia de los regímenes políticos.

En el capítulo 2 Aristóteles introduce el régimen político del que todavía no se ha hablado, y que junto con la democracia se trata del régimen político en que su especulación teórica, como ya sostuvimos, alcanza la mayor potencialidad, especialmente si tomamos en consideración, como el Estagirita sostuvo en el libro I, que la regla de la ciencia política se cristaliza en la alternancia del par gobernante-gobernado. Así, Aristóteles declara: "Réstanos hablar de la república (*politeia*), que lleva el nombre común a todos los regímenes, y de los demás: la oligarquía, la democracia y la tiranía" (*Pol.* VI, 2,1289a).

Como bien aclara Aristóteles, se trata de un régimen específico que, no obstante, recibe un nombre general, porque *politeia* significa constitución en general. Es posible que tal tipo de denominación tenga su razón de ser, pues como resume Aristóteles, la *politeia* es un régimen político que surge de tomar como propios aspectos positivos –y no los negativos– de la democracia y la oligarquía. De modo que el resultado de tal combinación se entiende como una especie de aristocracia del estamento medio. Por ello muchas ediciones aluden a la *politeia* en los términos latinos de república (cosa pública, asunto del pueblo) para significar un gobierno mixto.[92]

---

91 El argumento se resignifica en la modernidad. Kant es un fiel reflejo de ello, distinguiendo el carácter formal o transcendental de la ley y el carácter empírico y específico. Así es que el pensador alemán va a diferenciar la dimensión trascendental de todo Estado que radica en generar la posibilidad de orden, de los diferentes Estados históricos (cfr. Kant, 1984 [1793]).

92 La idea de gobierno mixto se aplica a la *politeia* en sentido fuerte, especialmente en lo que atañe a sustentar una mejor gobernabilidad y perdurabilidad del régimen, pero Aristóteles también sostiene que existen formas mixtas inscriptas en otras sub-clases de regímenes, por ejemplo, en la aristocracia.

Una vez que Aristóteles incorpora a la *politeia,* establece una axiología de regímenes políticos que, desde una lectura atenta, muestra su visión positiva sobre la democracia; diferencia fundamental ésta con la perspectiva de Platón presente en la *República,*[93] pues para el autor de la *Política* la democracia es la primera de las formas incorrectas de gobiernos pero la más cercana a la *politeia* (Bobbio, 2006), pues en el extremo de la monarquía estaría la tiranía y en el de la aristocracia la oligarquía.

En el capítulo 3, el filósofo ahonda en la diversidad de los regímenes políticos, pero lo hace a partir de la composición social de la *polis.* En tal sentido, nos encontramos con un Aristóteles atento a las condiciones materiales de la *polis* que dan sustento a la especificidad de los regímenes, incluso prestando atención a los detalles más sutiles, como lo demuestra la siguiente acotación: "todas las ciudades cuya fuerza consistía en caballería estaban gobernadas por oligarquías, y utilizaban sus caballos en las guerras contra sus vecinos" (*Pol.* VI, 3, 1298b). Pues es sabido que la caballería es una figura muy representativa de los sectores pudientes que eran los que podían solventar los gastos en la guerra.

Una vez que Aristóteles establece todo tipo de diferenciaciones sociales en torno a los ricos, los pobres y al linaje, y que define al régimen como una distribución de las magistraturas, haciendo gala nuevamente de su realismo, concluye:

> Sin embargo, parecen existir principalmente dos, y lo mismo que los vientos se llaman vientos del norte y vientos del sur y los otros se consideran como modificaciones de éstos, así también se establecen dos formas de gobiernos: la democracia y la oligarquía.

---

93 Es importante aclarar que los juicios más acérrimos de Platón en la *República* acerca de la democracia son suavizados en su diálogo *El Político.* Al respecto, Maynes sostiene: "Sea cual fuere la fecha exacta en que quedó terminada (lo que nadie sabe con certeza), confiadamente podemos conjeturar que fue escrita muchos años después de que apareció la Republica. La actitud de Platón frente a la democracia es menos hostil; y, sobre todo, una nueva actitud ante la ley, hostil todavía, pero en grado mucho menor, es uno de los rasgos prominentes del *Politico.* Por otra parte, la creencia en el absolutismo es aún un aspecto del pensamiento platónico, y aun cuando el dialogo contiene largas disquisiciones sobre el arte de tejer y la necesidad de una mixtura de diferentes elementos en la composición del Estado, en el *Politico* sólo descubrimos una ligera alusión a esa forma constitucional mixta que combina la monarquía con la democracia y que es preconizada en las *leyes*" (García Maynes, 1984: 2-3).

Pues a la aristocracia la clasifican como una forma de oligarquía por considerarla como una cierta oligarquía, y a la llamada república como una democracia, lo mismo que el viento del oeste se considera como una modificación del viento del norte y el del este como una modificación del viento sur. Algo semejante ocurre también con las armonías, según dicen algunos. (...); las formas oligárquicas son las más estridentes y despóticas; las democráticas, las más lánguidas y blandas. (*Pol.* VI, 3, 1290a)

Aristóteles reproduce ciertas opiniones que sitúan a la aristocracia como una especie de oligarquía. Más allá de que no coincida con tales opiniones, lo cierto es que sabe que los sectores aristocráticos, que cuentan con virtudes que van más allá de la mayoría y que suponen recursos externos muy satisfactorios, son sectores también ricos. Por tanto, la diferencia entre la oligarquía y la aristocracia estriba, para el filósofo, en que en esta última reina el carácter virtuoso que asegura el bien común[94], aunque sin tomar como elemento despectivo el tema de la riqueza, pues Aristóteles reconoce aristocracias "reales", mezclas, donde la virtud puede llegar a combinarse con la riqueza y el pueblo.

En el caso particular de la *politeia,* es clave que Aristóteles la sitúe como una variante de la democracia, incluso, como una democracia correcta, al mismo tiempo que también la concibe como un producto generado a partir de la democracia y la oligarquía. Por otro lado, retomando la analogía entre la melodía musical y los regímenes políticos, es ilustrativo que Aristóteles juzgue a la oligarquía adjetivándola como *estridente* y *despótica*, especialmente si consideramos que el poder despótico es el reverso de lo que el propio pensador ha definido en el libro I como poder político. La languidez y la blandura de las formas democráticas –adjetivación introducida por el propio Aristóteles– se jugarían más en el registro de la poca firmeza por el cuidado de las leyes. El Estagirita no le niega a la democracia la posibilidad de ser pensada desde el registro del poder político. Sin embargo, dependiendo del tipo de democracia que se trate, puede in-

---

94 Dicha apreciación cobra fuerza si tomamos especialmente la tradición platónica y cierta influencia en el Estagirita, en tanto la preocupación del filósofo ateniense era la posible corrupción de aquellas almas, de aquellos jóvenes de sectores nobles que deberían formar parte del estamento gubernamental.

currir en un poder despótico. Pero lo cierto es que mientras el despotismo de la democracia puede ser una posibilidad, parecería ser que el despotismo de la oligarquía es una nota esencial y no accidental de dicho régimen. No obstante, tal afirmación puede relativizarse si no perdemos de vista que la mejor subforma de la oligarquía no dista tanto de la *politeia*, o del primer tipo de democracia.

En el capítulo 4 Aristóteles arriba a una definición sustancial de democracia:

> Debe decirse más bien que hay democracia cuando son los libres los que tienen la soberanía, y oligarquía cuando la tienen los ricos; pero da la coincidencia de que los primeros constituyen la mayoría y los segundos son pocos, pues libres son muchos, pero ricos pocos. (*Pol.* VI, 4, 1290b)

Inmediatamente después de esta primera caracterización, el Estagirita precisa aun más la definición de democracia y oligarquía, ya que en la primera connotación había hablado de libres y ricos y obviado la alusión a la pobreza, si bien estaba implícita: "El régimen es una democracia cuando los libres y los pobres, siendo los más, ejercen la soberanía, y una oligarquía cuando la ejercen los ricos y nobles, siendo pocos" (*Pol.* VI, 4, 1290b). Es importante enfatizar que en este parágrafo el criterio cuantitativo es tan importante como el cualitativo. Anteriormente habíamos distinguido una cuestión de hecho y una cuestión de derecho, entendiendo que por derecho el criterio cuantitativo es desechado a la hora de fundamentar una democracia u oligarquía. Creemos que tal justificación de elevar el criterio cuantitativo también como crucial tiene su razón de ser en la conjunción que Aristóteles realiza entre libertad política y pobreza, fundamentalmente en pos de no denegarles a los pobres el ejercicio de la ciudadanía plena, motivo por el cual podría entenderse a la democracia como la regla de la mayoría de los pobres, al tiempo que habría que suponer la presencia de una minoría (la de los ricos). Conforme a este criterio cuantitativo, un tópico crucial y recurrente de la tradición teórico-política ha sido, y lo sigue siendo, el problema de la tiranía de la mayoría, posible de ser evitada allí cuando se conjuga la democracia con la forma republicana, es decir, allí cuando se gesta una democracia en la que impera fuertemente la ley. Así, la forma republicana se convertiría en una suerte de control sobre el posible exceso de la democracia.[95] Sin embargo, el Estagirita también puso énfasis, incluso con mayor agudeza, en el peligro de la tiranía de la minoría, motivo por el cual también la forma republicana podría evitar tal exceso. En definitiva, la preocupación real de Aristóteles es cuando los regímenes políticos no gobiernan conforme la ley, pues el Estagirita no discute como ilegítimo que en la democracia mande la mayoría, la masa, sino que lo haga sin ley, con el consiguiente riesgo de la expropiación violenta de los ricos, y otro tanto podría decirse de la oligarquía: el problema no es la minoría, sino el gobierno sin ley de la minoría. De ahí también que los atributos de la república pensada como la síntesis de los aspectos positivos de ambos regímenes corruptos, oficie como una suerte de paliativo para evitar tales desmesuras.

Este peligro de los excesos, protagonizado especialmente por los demócratas y oligárquicos muestra muy bien una dimensión que será central para la Teoría Política Contemporánea: que lo político no puede entenderse sin el elemento conflictivo y antagónico de las partes. Incluso, la Teoría Política Clásica indica la fuerte conexión entre regímenes políticos y estatus económico-social, velado por la ficción contractual moderna de un sujeto homogéneo, abstracto y universal. En otros términos, y a pesar del anacronismo, nada mejor que la Teoría Política Clásica para mostrar, con toda la fuerza de dicho término, la cuestión de la

---

95 Es digno de destacar cómo Aristóteles admira el accionar de Pericles. Recordemos que parte de las reformas democráticas de Clístenes consistió en otorgar ciudadanía a muchos metecos. Decisión anulada recién por Pericles que otorgaba la ciudadanía sólo a los hijos de padres (ambos) ciudadanos griegos. Asimismo, para continuar argumentando acerca de la admiración aristotélica por parte de Pericles, nada más ilustrativo que los siguientes parágrafos de Aubenque: "Aristóteles cita como tipo de prudente al personaje de Pericles, rechazando expresamente con ello los ejemplos que anteriormente había dado de la misma virtud: Pitágoras, Parménides y Anaxágoras. Si en la *Ética a Nicómaco*, Aristóteles no vuelve sobre los personajes de Parménides y de Pitágoras, sino que agrega al ejemplo de Anaxágora el de Tales, se comprende por qué niega a este género de hombres la cualidad de prudentes: es cierto que poseen la sabiduría, la ciencia de las cosas más elevadas; pero –agrega Aristóteles, y con ello nos invita a tomar cierto resguardo frente a la admiración que debemos otorgarles– ellos ignoran lo que le es útil para sí mismos y, de manera general, para los hombres. De manera que si bien su saber es admirable, difícil y divino, no deja de ser inútil (Aubenque, 1999: 88).

lucha de clases,[96] la fuerte tensión entre ricos y pobres: el problema de la *stasis*.[97]

Pero vayamos directamente al parágrafo que introduce Aristóteles después de efectuar una disquisición sobre las partes o grupos sociales que conforman la ciudad. Así, el Estagirita concluye:

> Pero es imposible que los mismos ciudadanos sean a la vez pobres y ricos. Por eso éstos parecen constituir principalmente las partes de la ciudad: los ricos y los pobres. Además, como generalmente los ricos son pocos y los pobres muchos, estas partes de la ciudad aparecen como contrarias, de modo que la preponderancia de una u otra constituyen los regímenes, y éstos parecen ser dos: la democracia y la oligarquía. (*Pol.* VI, 4, 1291b)

Vayamos, ahora, a un extenso pasaje de Aristóteles en el cual describe todos los tipos de democracias.

> La primera forma de democracia es la que se funda principalmente en la igualdad. Y la ley de tal democracia entiende por igualdad que no sean más en nada los pobres que los ricos, ni dominen los unos sobre los otros, sino que ambas clases sean semejantes. Pues si la libertad, como suponen algunos, se da principalmente en la democracia, y la igualdad también, esto podrá realizarse mejor si todos participan del gobierno por igual y en la mayor medida posible. Y como el pueblo constituye el mayor número y prevalece la decisión del pueblo, este régimen es forzosamente una democracia. Esta es, pues, una forma de la democracia. Otra es aquella en que las magistraturas se fundan en las categorías tributarias, pero siendo bajo el nivel de éstas, el que posee algún patrimonio puede participar en el gobierno, y el que lo ha perdido no. Otra forma es aquella en la cual todos los ciudadanos no descalificados participan del gobierno, pero la soberanía corresponde a la ley. Otra, aquella

---

96 Para profundizar en tal cuestión se recomienda el texto ya clásico de Geoffrey de Ste-Croix: *La lucha de clases en el mundo griego antiguo* (1988).

97 Es muy ilustrativa la relevancia de la noción de *stasis* en lo que atañe al surgimiento de la democracia. En tal sentido, creemos valiosa la acotación de Fabián Ludueña Romandini: "Por otra parte, la importancia de la stasis como paradigma de la política durante la vigencia de la democracia ateniense, no debería prescindir –como también encontramos el caso en Agamben– de la consideración del hecho mismo según el cual el propio sistema democrático surge de una guerra civil originaria que, en la Atenas de finales del siglo VII, contrapone la aristocracia al campesinado y cuya conclusión llevará a las reformas solonianas que reorganizarían tanto política como socialmente las líneas basales de la polis ateniense" (Ludueña Romandini, 2015: 34).

en que todos participan de las magistraturas, con la única condición de ser ciudadanos, pero el poder supremo corresponde a la ley. Otra coincide en todo con ésta, excepto que el soberano es el pueblo y no la ley: esto tiene lugar cuando tienen la supremacía los decretos y no la ley. Y ocurre esto por causa de los demagogos. En la democracia de acuerdo con la ley no hay demagogos, sino que son los mejores ciudadanos los que tienen preeminencia, pero donde las leyes no tienen la supremacía surgen los demagogos. Pues el pueblo se convierte en monarca, constituyendo uno con muchos, porque los muchos tienen el poder no como individuos, sino en conjunto. (...) Un pueblo así, como monarca, trata de ejercer el poder monárquico no obedeciendo a la ley, y se convierte en déspota, de modo que los aduladores son honrados, y esta clase de democracia es, respecto a las demás, lo que la tiranía entre las monarquías. Por eso el espíritu de ambos regímenes es el mismo, y ambos ejercen un poder despótico sobre los mejores, los decretos del pueblo son como los edictos del tirano, el demagogo y el adulador son una y la misma cosa; unos y otros son los más poderosos en sus regímenes respectivos, los aduladores con los tiranos, y los demagogos con los pueblos de esa condición. Ellos son los responsables de que los decretos prevalezcan sobre las leyes, trayendo todos los asuntos al pueblo; pues deben su importancia al hecho de que todo está al arbitrio del pueblo y la opinión popular lo está al suyo, porque el pueblo los obedece. Además, los que tienen alguna queja contra los magistrados dicen que el pueblo debe juzgar la cuestión, y el pueblo acepta la invitación complacido, de modo que todas las magistraturas se disuelven. Podría parecer justa la objeción del que dijera que tal régimen será una democracia, pero no una república, porque donde las leyes no tienen autoridad no hay república. La ley debe estar por encima de todo, y los magistrados y la república deben decidir únicamente de los casos particulares. De suerte que si la democracia es una de las formas de gobierno, una organización tal que en ella todo se hace por medio de decretos no es tampoco una verdadera democracia, pues ningún decreto puede ser universal. Queden, pues, así definidas las formas de democracia. (*Pol.* VI, 4, 1291b-1292a)

El primer tipo de democracia, posiblemente vinculada al contexto de Pericles, tendría para Aristóteles una valoración positiva, especialmente por hacer hincapié en la preeminencia de la ley que regula el conflicto entre ricos y pobres e imposibilita un modelo de dominación de un estamento social sobre otro. Una razón suficiente para que se interprete la igualdad política desde la semejanza de los estamentos sociales en lo que respecta estrictamente a la activa participación ciudadana. Asimismo, es importante en este pasaje la noción de pueblo interpretado como una democracia en tanto la mayoría son los pobres, pero que sin embargo se subordinan a la ley.[98]

El segundo tipo de democracia tiene para Aristóteles un valor altamente positivo en tanto es muy próximo a la *politeia.* Se trataría del requisito de fijar una pequeña renta como una de las condiciones para el ejercicio de las magistraturas. Al respecto, es muy revelador el carácter contingente con el que Aristóteles refiere a este tipo de democracia, dado que se puede perder tal derecho a participar del gobierno por el mero hecho de ya no contar con una pequeña renta.

Los siguientes tipos de democracia restantes que enuncia Aristóteles tienen en común la conformidad con la ley. Por último, el peor tipo de democracia encuentra en Aristóteles una censura categórica. Se trata de aquel tipo en que la soberanía reina en el pueblo y no en la ley, es decir, un *demos* destinado a gobernar por decretos. Aquí correspondería incluir la figura del demagogo.[99] Resulta un lugar común vincular su figura con

---

98 Para caracterizar este tipo de democracia nada más nítido que el siguiente fragmento de Tucídides: "Tenemos un régimen de gobierno que no envidia las leyes de otras ciudades, sino que más bien somos ejemplo para otros que imitadores de los demás. Su nombre es democracia, por no depender el gobierno de pocos, sino de un número mayor; de acuerdo con nuestras leyes, cada cual está en situación de igualdad de derechos en las disensiones privadas, mientras que según el renombre que cada uno, a juicio de la estimación pública, tiene en algún respecto, es honrado en la cosa pública; y no tanto por la clase social a que pertenece como por su mérito, ni tampoco, en caso de pobreza, si uno puede hacer cualquier beneficio a la ciudad, se le impide por la oscuridad de su fama" (Tucídides. *Historia de la guerra del Peloponeso*, 11,37; ver: <http://iesdionisioaguado.org/joomla/images/griego/discursopericles.pdf>).

99 Es insoslayable la hermenéutica que realiza Vergnières, quien profundiza en los mecanismos con los que opera el demagogo con el objetivo de constituir el interés particular como universal y debilitar la armonía de todos los estamentos que integran el *demos.* Parte de esos mecanismos sutiles derivan del ejercicio continuo de la adulación. El demagogo asegura tanto mejor su dominio sobre el pueblo cuando lo lleva a tornarse señor de las leyes, esto es, y como anteriormente señalamos, cuando gobierna meramente con puros decretos. Sin embargo, la actitud de desprecio en relación a las leyes, afirma

cierta impronta sofística, especialmente en un sentido despectivo y haciendo hincapié en el arte de la retórica y la oratoria. Sin embargo, Aristóteles no invalida la retórica en cuanto tal,[100] ya que es parte central de la política, especialmente si tomamos en consideración que en la trama de las argumentaciones políticas es necesario la impronta de la persuasión e incluso movilizar los buenos aspectos emotivos del alma. El Estagirita parte de la idea de que se persuade al otro y el otro nos puede persuadir porque se comparte el elemento común del *logos*; pero para que esto tenga realidad efectiva debemos encontrarnos con un *demos* con capacidad deliberativa, en donde la educación, por ejemplo, funcione desde la más temprana infancia. De este modo, el Estagirita estaría destacando la importancia del juicio que recae del lado de la ciudadanía, pues sólo una asamblea o un tribunal con cierta educación sabría distinguir al buen orador del orador perverso.

Por otro lado, en la asamblea se encontrarían dos tipos de posibles vínculos. A saber, uno situado en la presentación y el otro

---

el comentador francés, no se expresa por el ataque frontal a ella, sino que es inducida por la perversión de los axiomas y costumbres de las constituciones democráticas. De esta forma asistiríamos a una inversión axiológica, pues el demagogo cuando se aferra a lo popular, en nombre mismo de los principios de la democracia (libertad e igualdad), no tiene problemas en persuadir al pueblo de que él es libre en relación a la ley y que es su señor. Asimismo, la igualdad democrática puede ser invocada para minar la autoridad de los magistrados y denigrar en consecuencia toda forma de excelencia, sobre todo porque estás sustentada meramente en una igualdad aritmética y, como ya anticipamos, la gran mayoría son los pobres (cfr. Vergnières, 2003).

100 Cabe aquí citar una vez más la muy lúcida apreciación de Berti: "Aristóteles se opuso, como es sabido, a la retórica puramente encantadora de la tradición que se remonta a Gorgias y es personificada aún, a sus ojos, por Isócrates, con quien el polemiza continuamente (...) En particular, intentaremos ilustrar la estrecha relación que según Aristóteles, la retórica tiene, por un lado, con la dialéctica y, a través de esta última, con la filosofía, es decir, con la ciencia, y, por el otro, con la misma ciencia política, la cual, como hemos visto, es una ciencia auténtica, si bien constituye una forma de racionalidad completamente peculiar" (Berti, 2012: 165). También es esencial observar la posición de Aristóteles como modo de invalidar la postura platónica de subsumir la racionalidad a un modelo matemático, situando a la retórica como arte de la persuasión al terreno de la apariencia y el engaño. Por ende, no es casual que Hobbes, en su diatriba contra Aristóteles, quiera también desterrar a la retórica como un aspecto nodal de la política y pensar la política, sobre todo la acción del soberano, desde el modelo de la geometría. Es decir, el soberano deberá proceder como un geómetra definiendo cada proposición política.

en la representación. Así, en el orden de la representación jugaría la perspectiva clásica que en el republicanismo ciceroniano será fundamental, y que hace hincapié en la noción de pueblo integrado con estamentos bien diferenciados (visión organicista). Ahora bien, lo irruptivo es cuando esta visión estamental entra en crisis a partir de una democracia radicalizada, dado que el Estado ya no puede administrar la convergencia de los estamentos sociales. Así, aparece una dislocación, un real, para utilizar una terminología lacaniana,[101] que pone en jaque una lógica de la representación, operando como instancia determinante de la asamblea la lógica de la presentación o autoría de cada uno de los ciudadanos, cuestión que conllevaría situarse más en una presentación aritmética[102] en detrimento de una representación geométrica sustentada en la relación de las partes, y, en este caso, el pueblo no estaría entendido como totalidad diferenciada y orgánica, sino como multitud.[103]

Concentrémonos, ahora, en los distintos tipos de oligarquía:

---

101 Haciendo referencia a los tres registros de Lacan: imaginario, simbólico y real. Con la idea de la irrupción de lo real se quiere significar aquello que no puede inscribirse enteramente en lo simbólico, que puede irrumpir y generar una dislocación, como es por caso, cuándo entra en crisis una determinada ficción. Tal constelación teórica será fundamental para el pensamiento posfundacional.

102 En la tradición republicana, y en este aspecto Cicerón es muy representativo, se contrapone la noción de multitud a la noción de pueblo, pues el sujeto de una república es un pueblo con estamentos bien diferenciados que convergen en un interés en común: el amor a la Patria. Además, del criterio de justicia como dimensión natural y fundamento de la república, entendida, por Cicerón, a la manera platónica.

103 Desde esta óptica es muy pertinente la afirmación de Gallego: "Recapitulando, vemos que la pertenencia al conjunto constituye la presentación de todos los ciudadanos y la inclusión de éstos en clases distintas implica su representación. El estado, de acuerdo al régimen político vigente, representa a los ciudadanos no individualmente sino a través de los sectores en los que están diferencialmente incluidos. Mientras la presentación es la 'cuenta-por-uno' de los elementos según el principio de la pertenencia, la re-presentación es la 'cuenta-por-uno' de las partes de acuerdo al principio de la inclusión; se trata de 'la cuenta de la cuenta' porque, montada sobre la primera, esta segunda operación procede a la enumeración y la distribución de las partes construibles con los elementos disponibles. El operador de cuenta estatal, según el orden constitucional de que se trate, es el que establece, en cada situación concreta, qué es ser parte, esto es, cómo se define cada subconjunto de acuerdo con las reglas que el régimen político instaura" (Gallego, 1996: 159).

En cuanto a las formas de oligarquía, una hace depender las magistraturas de la propiedad, y ésta tal que los pobres no participan de aquéllas aunque sean más numerosos, pero si adquieren una propiedad pueden participar del gobierno. Otra es aquella en que las magistraturas se fundan en las grandes propiedades, y los mismos propietarios eligen a los magistrados (cuando los eligen entre todos ellos el régimen parece ser más bien aristocrático, y cuando los eligen entre algunos determinados, oligárquico). Otra forma de oligarquía es aquella en que el hijo sucede al padre en las magistraturas. Una cuarta cuando se da la condición últimamente mencionada y el poder no reside en la ley, sino en los gobernantes. Esta es el equivalente, entre las oligarquías, de la tiranía entre las monarquías, y de la última forma de democracia de que hemos hablado, entre la democracia. Tal género de oligarquía recibe el nombre de dinastía. (*Pol.* VI, 5, 1292b)

El primer tipo de oligarquía refiere a la forma menos mala de oligarquía, ciertamente próxima de la *politeia*, que también tiene un censo de propiedad bajo y limita el acceso a ciertas magistraturas. Está será una de las características que la *politeia* toma de la oligarquía.

El segundo tipo de oligarquía, la de los grandes propietarios, adquiere el sentido común de oligarquía. Además, el ejercicio de la política termina pensándose desde el paradigma de la administración y anulando el fin de la política que es la *buena vida* pensada en sentido comunitario. No obstante, y a pesar de que en este régimen los mismos integrantes eligen los que han de entrar en el gobierno, aclaración realizada por el propio Aristóteles, al no contar con una fuerza absoluta no se animan a apartarse de la ley.

El tercer tipo de oligarquía, la oligarquía en su máxima expresión, es aquel en que los propietarios son menos, pero las propiedades mayores, además de conferirse ellos mismos, especifica Aristóteles, las magistraturas y promulgar una ley en la que son sucedidos por sus hijos.

Por último, el filósofo finaliza el parágrafo estableciendo una cadena equivalencial entre el último tipo de oligarquía (el cuarto) al que se arriba a una dinastía semejante a la monarquía, donde ya no impera ley alguna con respecto al último tipo de democracia. No obstante, es relevante añadir que en una democracia no puede haber dinastía alguna, hecho por el cual la democracia se acercaría más a la república y la oligarquía a la monarquía.

Finalizando el capítulo 5 Aristóteles introduce un tópico muy interesante para la tradición de la Teoría Política. Consiste en mostrar cierto desfasaje entre la legislación y las costumbres, claro que, afirma el Estagirita, por un periodo de tiempo determinado. Es decir, un régimen vigente puede no ser necesariamente democrático, pero las costumbres de ese momento en las que se instaura serlo, razón por la cual Aristóteles refiere que ajustarse a la legislación vigente es un proceso que lleva cierto tiempo.[104]

En el capítulo 6 Aristóteles infiere, a manera de breve conclusión, los aspectos más significativos de la democracia y la oligarquía. Nuevamente aparece como central la cuestión del *estatus* social –que ya estuvo contemplado en el pasaje del capítulo 4 en que hicimos referencia a los distintos tipos de democracia–, pero ahora, en el capítulo 6, Aristóteles continúa mencionando distintos tipos de democracia que ya había connotado, pero agregando notas específicas como es por caso la introducción del sueldo para poder participar de la asamblea. Pero vayamos al tipo de democracia de los pequeños propietarios:

> Cuando los campesinos y los que poseen un patrimonio moderado tienen la soberanía del régimen, se gobierna de acuerdo con las leyes, porque, por tener que vivir de su trabajo, no pueden disponer de ocio, y así establecen la autoridad de la ley y sólo se reúnen en asamblea cuando es necesario; los demás ciudadanos podrán participar en el gobierno cuando adquieran la propiedad fijada por las leyes. El que de un modo absoluto no sea lícito a todos participar en el gobierno es propio de la oligarquía, y el que sea lícito a todos participar en él es propio de la democracia; por eso pueden participar en el gobierno todos los que han adquirido una propiedad, pero les es imposible disponer de tiempo libre por no tener ingresos. Ésta es, pues, una de las formas de democracia y por estas causas. (*Pol.* VI, 6, 1292b)

---

104 Dicha distinción resuena en la Teoría Política Moderna bajo la diferenciación entre el terreno de la legalidad y el terreno de la legitimidad, cuestión clara con el tema de ciertas leyes que pueden ser legales, pero no legítimas, especialmente porque no expresan las prácticas y costumbres de una determinada sociedad.

Esto es un criterio muy valorado por el pensador en la medida en que tal disposición posee una doble finalidad: por un lado, impedir el ingreso al espacio público a sectores indigentes y, por otro lado, contrarrestar toda una cultura del ocio, tan típica del espíritu oligárquico e incluso aristocrático. Tengamos presente que antes de las reformas vinculadas a la democracia, la posibilidad del ocio, reservada a los estamentos sociales privilegiados, era una condición *sine que non* de la participación política. Asimismo, este estrecho vínculo entre la ley y este tipo democracia elogiada por el Estagirita, lo es en la medida que evita el peligro de incurrir en el asambleísmo. Justamente porque los sectores menos beneficiados materialmente deben trabajar y no cuenta con mucho tiempo para participar de la asamblea, es que se beneficia el de la regularidad y la fijeza de las leyes en detrimento del recurso continuo y abundante de los decretos.[105] Por otro lado, recordemos que también Aristóteles justifica el espacio público a partir del requisito de un espacio doméstico consolidado.[106]

El segundo tipo de democracia, por su parte, puede entenderse como una variante de la primera. Aristóteles vuelve a poner énfasis en el hecho de que como no hay holgura económica el poder supremo reside en las leyes. En la tercera forma, también el poder supremo reside en las leyes, y se permite la participación en el gobierno a todos los ciudadanos libres, aunque se repite la observación de que no pueden hacerlo por no contar con tiempo libre. En la cuarta forma se produce un cambio sustancial, dado por la introducción de salario (*misthos*) como medida para que puedan participar los pobres.

La cuarta forma de democracia es la que cronológicamente ha aparecido última en las ciudades. Por haberse hecho las ciudades

---

105 Si bien la alusión a los decretos por parte de Aristóteles es frecuente en la política, tal categoría no deja de ser problemática, ya que la democracia real no trazaba diferencias entre ley y decreto, distinción que sólo surge más tarde, con la creación de los nomotetas (comisiones de legisladores).

106 Cuestión que, una vez más, queda clara en la oración fúnebre de Pericles: "Por otra parte nos preocupamos a la vez de los asuntos privados y de los públicos, y gentes de diferentes oficios conocen suficientemente la cosa pública; pues somos los únicos que consideramos no hombre pacifico, sino inútil, al que nada participa en ella" (Tucídides. *Historia de la guerra del Peloponeso*: 11,40).

mucho mayores de lo que fueron en un principio y disponer de ingresos en abundancia, todos tienen parte en el gobierno a causa de la superioridad numérica de la multitud, y participan en él y en la administración incluso los pobres, que disponen de tiempo libre porque reciben un salario. Una multitud de esta clase es incluso la que de más ocio dispone, porque no se ven embarazados lo más mínimo por el cuidado de sus intereses privados, como los ricos que, a causa de esto, muchas veces no toman parte en la asamblea ni en la administración de justicia. Esto hace que el elemento soberano en este régimen sea la multitud de los pobres, y no la ley. (*Rep.* VI, 6, 1292b-1293a)[107]

Muchos aspectos cruciales se desprenden de este fragmento. En primer término, la referencia a los tiempos actuales que muestra la complejidad de la *polis* en lo que atañe al aumento de la población, de las actividades, el despliegue de muchas funciones, y el aumento considerable de los ingresos. Tengamos presente que en la *crematística* el Estagirita ya anunciaba, con la invención del dinero, el auge del comercio con el exterior. En segundo lugar, la relevancia de la representación aritmética y no geométrica vinculada a los estamentos sociales. De ahí que dicho pensador haga hincapié en *la superioridad numérica de la multitud,* especialmente referida a los pobres que ahora participan en el gobierno. En tercer lugar, el cambio sustancial con respecto al ocio posibilitado por la introducción del sueldo. Ahora bien, dichos sectores carenciados, pueden contar con tiempo libre, incluso, especifica Aristóteles, los que cuentan con mayor tiempo libre para dedicarse a la política porque no tienen que cuidar sus intereses privados, como es el caso del estamento de los ricos. Por último, Aristóteles no vacila en declarar que en este tipo de democracia gobiernan la multitud de los pobres y no el primado de la ley. Aquí habría que situar, como ya comentamos anteriormente, la figura del demagogo acorde con el "asambleísmo" en donde los decretos se convierten en el actor principal.

Luego de haber caracterizado pormenorizadamente a las distintas formas de democracia, Aristóteles se dedica, ahora, a

---

107 Como puede apreciarse, Aristóteles anteriormente había enumerado cinco tipos de democracia; ahora, contabiliza cuatro. Esas aparentes inconsistencias no son tan raras en Aristóteles, muchas de ellas ocurren cuando el Estagirita sintetiza en una clase o tipo, lo que antes eran dos.

describir las distintas formas de oligarquía en los aspectos que faltaban mencionar.

En primer lugar, llama la atención la proximidad entre la primera forma de oligarquía y el primer tipo de democracia. En ambas formas se alude a la existencia de pequeños propietarios. Una vez más aparece el argumento de la cantidad de ciudadanos y sus múltiples ocupaciones que posibilitan que rija la ley. Al seguir, Aristóteles se refiere a aquellos que tienen propiedades considerables, y ya son un número inferior a la primera forma, pero que sin embargo no logran desafiar a la ley y, por último, al peor tipo de oligarquía, donde el poder se concentra en pocas manos y las propiedades rompen toda medida aceptable. Como anteriormente puntualizamos, es claro que en este tipo de oligarquía la política se entiende meramente como administración y pierde su posibilidad de entenderse a sí misma como la *praxis* que orienta al bien común o *buen vivir* de la comunidad. Así, Aristóteles concluye, haciendo referencia a este tipo de oligarquía:

> ...en que ellos mismos se confieren las magistraturas y la ley ordena que los que van muriendo sean sucedidos por sus hijos. Cuando llevan esta situación aun más lejos con sus propiedades y numerosas amistades, una dinastía semejante está cerca de la monarquía, y ejercen la soberanía los hombres y no la ley. Ésta es la cuarta forma de oligarquía, que corresponde a la última de la democracia. (*Pol.* VI, 6, 1293a)

En el capítulo 7, después de haber enumerado todos los regímenes políticos, Aristóteles hace explícita su intención de comenzar a profundizar en los aspectos centrales de la *politeia*, objetivo que realizará en los libros posteriores. No obstante, ya en este apartado puede verificarse el fuerte vínculo entre la ética, la política e incluso la economía que supone dicho régimen. Al respecto, el filósofo sostiene que éste muchas veces es obviado por los que se dedican a la temática de los regímenes políticos,[108] en parte porque recibe una denominación genérica, independientemente de que sea un régimen político específico,

---

108 En este aspecto en particular, Aristóteles menciona al Platón de la *República* (*Pol.* VI, 7, 1293b).

y en parte porque prácticamente es una excepción encontrarlo en la realidad.[109]

En lo que concierne al capítulo 8, el objetivo del Estagirita es hablar de la república y de la tiranía. Con respecto a la tiranía el filósofo sostiene que es la forma a la que menos puede referirse como constitución. En lo que atañe a la *politeia,* nada mejor que recurrir al siguiente fragmento para dar cuenta de algunos de sus elementos caracterizadores:

> Ahora tenemos que considerar la república. Su naturaleza resulta más clara una vez definidas la oligarquía y la democracia, pues la república es, en términos generales, una mezcla de oligarquía y democracia: las que se inclinan a la democracia suelen llamarse repúblicas, y las que tienden más bien a la oligarquía, aristocracias, porque la educación y la nobleza suelen acompañar de preferencia a los más ricos. (*Pol.* VI, 8, 1293b)

La novedad de la cita radica en que, para algunos, los que se orientan más hacia la democracia, la *politeia* se referencia más como república, porque se hace hincapié en la fuerza de las leyes; para otros, los que se orientan más hacia la oligarquía, la *politeia* se referencia más como aristocracia, dado el rol de una educación de excelencia. Pero lo interesante es que la *politeia* aristotélica asuma el carácter de un régimen político mixto, en donde se pondera más la cercanía con la democracia, poniendo el acento también en la virtud, pero una virtud, acotación nada irrelevante, al alcance de la mayoría. Esa cuestión la trataremos más adelante. Por último, es menester señalar que lo que distingue a la aristocracia de la oligarquía no es la falta de dinero con respecto a la primera, sino que éste sea el fundamento del régi-

---

109 Sin embargo, tal excepcionalidad de la república no está pensada como un ideal no alcanzable; por eso Aristóteles utiliza una referencia histórica, pues en el libro IV el Estagirita afirma: "Por otra parte, los que tuvieron la hegemonía en el Hélade mirando sólo a su propio régimen, establecieron en las ciudades unas democracias y otras oligarquías, sin tener en cuenta la conveniencia de esas ciudades, sino la suya propia. De modo que, por estas causas, el régimen intermedio no ha existido nunca, o pocas veces y en pocas ciudades. Un solo hombre de los que en tiempo pasado obtuvieron el mando accedió a implementar ese régimen; pero en las ciudades se ha hecho ya costumbre que los ciudadanos no se interesen siquiera por la igualdad, sino procuren ejercer el poder o se someten si son vencidos" (*Pol.* IV, 11, 1296a).

men. De ahí que se ponga de manifiesto, nuevamente, que los aristócratas son ricos pero virtuosos.

En el capítulo 9 Aristóteles se refiere a los tres tipos de combinaciones posibles[110] entre la democracia y la oligarquía a la hora de devenir en *politeia*. En los tres tipos de modalidades, que son también formas estratégicas de convocar y regular la participación de las partes en la asamblea, siempre oficia como denominador común la referencia al *término medio*. El primer modo de combinación se refiere a la administración de la justicia. Como forma sabiamente cohesionada de participación, Aristóteles afirma que era relativamente común el cobro de una multa a los ricos si se abstienen de tal responsabilidad y se asignaba un sueldo a los pobres para posibilitar su participación. La otra modalidad se refería a la propiedad, que en la democracia no constituye criterio alguno, o sólo se requería una propiedad muy pequeña para participar de la asamblea, y en la oligarquía se asignaba como criterio poseer una gran propiedad. Así, el término medio para acceder a una participación plena estará dado por poseer una propiedad moderada. La última modalidad se relacionaba con la combinación de ambas instituciones. En los propios términos de Aristóteles:

> Por ejemplo, parece propio de la democracia el que las magistraturas se distribuyan por sorteo, y propio de la oligarquía que sean electivas; propio de la democracia, que no se basen en la propiedad, y de la oligarquía, que se basen en ella; por tanto, lo propio de una aristocracia y de una república será tomar un elemento de cada régimen: de la oligarquía, el que las magistraturas se provean por elección; de la democracia, el que no se basen en la propiedad.[111]
> (*Pol.* VI, 9, 1293a-1294b)

---

110 Aristóteles tomo como ejemplo de una auténtica *politeia* el régimen de los lacedemonios, régimen que, por un lado, está provisto de fuertes rasgos democráticos, como una educación no diferenciada entre ricos y pobres, y algo similar en lo que atañe a los alimentos y el vestido, y, como elemento oligárquico, que todas las magistraturas sean electivas (*Pol.* VI, 9, 1294b).

111 A diferencia de otros pasajes Aristotélicos, en los que el filósofo acepta como un tipo de democracia un tipo de propiedad o renta mínima, en este pasaje la esencia de la democracia se entiende desde el requisito de no solicitar propiedad alguna. Esta diferenciación es clave porque para el primer caso podría postularse una identidad entre democracia y república, siempre y cuando haya un privilegio de las leyes.

En el capítulo 10 Aristóteles se dedica al tema de la tiranía. Al respecto, el filósofo sostiene que no hay que decir mucho acerca de ella, pero que debe incluirse para agotar teóricamente la clasificación de los regímenes políticos. Queda claro que los dos tipos de tiranía a los que hace mención el filósofo son formas degeneradas de monarquías. El primer tipo de monarquía que caracteriza Aristóteles corresponde a la monarquía propia de los pueblos bárbaros y también de los pueblos helénicos situados en el pasado. En ambos casos, mientras eran monarquías, aclara Aristóteles, se ejercían de manera legal y con consentimiento de sus súbditos. La degeneración en tiranía estaba dada cuando el monarca ejercía un poder despótico y arbitrario. El tercer tipo de monarquía, la monarquía absoluta, que en el libro III de la *Política* correspondía al quinto sub-tipo de monarquía, es la que para Aristóteles reviste todo el peso de la tiranía. Así afirma:

> Y hay una tercera forma de tiranía, que es la que más propiamente parece serlo, por corresponder a la monarquía absoluta. Es necesariamente una tiranía de esta clase la monarquía que ejerce el poder de un modo irresponsable sobre todos, iguales o superiores, en vista de su propio interés, y no del de los súbditos; por tanto, contra la voluntad de éstos, porque ningún libre soporta de grado un poder de esta naturaleza. (*Pol.* VI, 10, 1295a)

En el capítulo 11, núcleo medular del libro VI, Aristóteles se dedica enteramente a caracterizar la esencia de la *politeia*. Es muy ilustrativo ver cómo abre el apartado haciendo una consideración que pone el acento en cuál es la mejor forma de gobierno y la mejor clase de vida para la mayoría de las ciudades y los hombres, y cómo pondera, también, su vinculación con un tipo de virtud media que no supone recursos extraordinarios o una educación muy elevada. Por ende, el Estagirita muestra con total agudeza y nitidez el vínculo entre ética y política que anima especialmente a este régimen político:

> En efecto, si se ha dicho con razón en la *Ética* que la vida feliz es la vida sin impedimento de acuerdo con la virtud, y que la virtud consiste en un término medio, necesariamente la vida media será la mejor, por estar el término medio al alcance de la mayoría. Y estos mismos criterios serán necesariamente los de la virtud o

maldad de la ciudad y del régimen, porque el régimen es la forma de vida de la ciudad. (*Pol.* VI, 11, 1295a)

Es imprescindible volver a mencionar que un régimen político es una forma de vida y, como tal, entran a jugar no sólo aspectos racionales sino también aspectos apetitivos, emotivos del alma, razón por la cual el filósofo va en busca de un régimen que no esté supeditado a todos los deseos.[112]

La referencia al deseo es fundamental. Si por un lado Aristóteles advierte sobre los peligros de los deseos desmedidos vinculados a la idea de quererlo todo, por otro lado, sin deseo no hay condición humana posible. Justamente aludiendo al deseo el Estagirita inicia su *metafísica*[113] con su célebre fragmento:

> Todos los hombres por naturaleza desean saber. Señal de ellos es el amor a las sencaciones. Éstas, en efecto, son amadas por sí mismas, incluso al margen de su utilidad y más que todas las demás, las sensaciones visuales. Y es que no sólo en orden a la acción, sino cuando no vamos a actuar, preferimos la visión a todas –digámoslo– las demás. La razón estriba en que ésta es, de las sensaciones, la que más nos hace conocer y muestra múltiples diferencias. (*Met.* I, 980a)

Así, el deseo[114] estaría específicamente asociado a las disposiciones humanas e incluso podría entenderse como la condición de posibilidad para una vida virtuosa o sin virtud, es decir, deseo de ser virtuosos, deseo de no serlo, deseo de conocimiento, lo que motivaría su búsqueda.

---

112 "El hombre, para la filosofía aristotélica, es un ente natural viviente, poseedor del *logos,* que propende a vivir en comunidad política. Se trata de construir, con una determinada directiva (arquitectónica), un tipo anímico de hombre que sepa actuar bien en la polis. Tal objetivo se asienta en tres pilares: el deseo (psicología), la elección (ética) y la educación (política)" (Maresca, Magliano y Ons, 2006: 99).

113 Dicha denominación se sustenta en la ordenación en la Biblioteca de Alejandría que les dio Andrónico, primer editor antiguo de los tratados. Es posible que dicha clasificación se debió a que dichos tratados se encontraron después de la *Física.* De ahí la denominación *metafísica*: más allá de la *fisis*, de lo sensible. No obstante, Aristóteles nunca utilizó dicha denominación; él referenciaba tales escritos como *Filosofía I* e, incluso, como *Teología.*

114 Al respecto, recordemos que el propio término filosofía pueda traducirse como *amor al conocimiento*, entendiendo al *eros* como carencia de lo que no se tiene, vale decir, como deseo.

Retomando el fragmento *un régimen que esté al alcance de la mayoría,* se hace presente el peso que Aristóteles le asigna a los condicionamientos externos para tener una vida feliz,[115] que no sólo pueden lograrse por el ejercicio de la virtud, por el ejercicio de la vida racional, aunque sin tal condición la felicidad sería imposible.[116]

Por otro lado, al connotar Aristóteles a la *politeia* como una aristocracia del estamento medio, ya que su basamento es también la virtud, el filósofo establece con respecto a la aristocracia una diferencia de grado, pero no de esencia.

Haciendo hincapié una vez más en el término medio como categoría que anuda la ética y la política, no deja de ser menos importante y sugerente que dicha categoría se extienda también al terreno específico de las posesiones y convierta a Aristóteles, haciéndonos cargos de tal anacronismo, en el primero en la historia de Occidente en realizar una especie de sociología política, fundamentalmente al entrecruzar los regímenes políticos con la estructura social de la *polis.* Justamente por eso puede definirse a la *politeia* como el régimen político del estamento medio, y que incluso el filósofo haga la observación en la *Política,* que los mejores legisladores,[117] como es el caso de Solón, pertenecían a

---

115 Con respecto al tema de la felicidad, se recomienda el sugerente texto de Irwin que muestra la importancia de la concepción de Solón acerca de la felicidad que es compartida por Aristóteles y que consiste en que la felicidad no tiene que ver con un momento de la vida sino con una vida feliz en todo su trascurrir. Es decir, sólo podríamos saber acerca de la felicidad de alguien a partir de su muerte. El texto explica en qué medida la visión Aristotélica relativizaría la visión de Solón, si bien a grandes rasgos Aristóteles coincidiría con el legislador (Irwin, 2010: 208-244).

116 En esta misma dirección se orienta la posición de Moreau: "Es, pues inútil pretender que la virtud baste para la felicidad y que el justo sea feliz aun en los tormentos y en el fondo de la diversidad. La felicidad, según Aristóteles, exige, además de la virtud, un cortejo de bienes exteriores, como la salud, bienes de fortuna, no solamente la riqueza, sino satisfacciones familiares, amigos, una posición en la sociedad y hasta embellecimiento como la hermosura. La adversidad, por el contrario, hace fracasar la felicidad, aunque no sea más que porque entorpece nuestras actividades. Sin embargo, da ocasión para ejercer la grandeza del alma; así, cualesquiera que sean las circunstancias, el hombre virtuoso sacará siempre de ellas provecho; actuará siempre según sus posibilidades de ser razonable y por ello, aun en el infortunio mismo, no será jamás desdichado" (Moreau, 1972: 216).

117 En el plano de la legislación, el Estagirita distingue a los legisladores que sólo confeccionaron leyes de aquellos otros que fueron además autores

dicho estamento. Pero vayamos al análisis pormenorizado del propio Estagirita:

> Ahora bien, en toda ciudad hay tres elementos: los muy ricos, los muy pobres y, en tercer lugar, los intermedios entre unos y otros; y puesto que hemos convenido en que lo moderado y lo intermedio es lo mejor, es evidente que también cuando se trata de la posesión de los bienes de la fortuna la intermedia es la mejor de todas, porque es la que más fácilmente obedece a la razón. Los que son demasiado hermosos, fuertes, nobles, ricos, o por el contrario, los demasiados pobres, débiles o despreciados, difícilmente se dejan guiar por la razón, pues los primeros se vuelven soberbios y grandes malvados, y los segundos malhechores y capaces de pequeñas maldades, y de los delitos unos se cometen por soberbia y otros por maldad. Además la clase media ni apetece demasiado los cargos ni los rehuye, y ambas cosas son perjudiciales para las ciudades. Por otra parte, los que están provistos en excesos de los bienes de la fortuna, fuerza, riqueza, amigos y otros semejantes no quieren ni saben ser mandados, y esto les ocurre ya en casa de sus padres siendo niños,[118] pues a causa del lujo en que viven, ni siquiera en la escuela están acostumbrados a obedecer, mientras los que viven en una indigencia excesiva están degradados; de modo que los unos no saben mandar, sino sólo obedecer a una autoridad propia de esclavos, y los otros no saben obedecer a ninguna clase de autoridad, sino sólo ejercer ellos una autoridad despótica; la consecuencia es una ciudad de esclavos y de amos, pero no de hombres libres, y una ciudad donde los unos envidian y los otros desprecian, lo cual está muy lejos de la amistad y la comunidad política. Porque la comunidad implica la amistad (...) La ciudad debe estar constituida de elementos iguales y semejantes en el mayor grado posible, y esta condición se da especialmente en la clase media, de modo que una ciudad así será necesariamente la mejor gobernada por lo que se refiere a los elementos de que

---

de constituciones, tales como Licurgo y Solón, ambos tan elogiados por Aristóteles dada su pertenencia al estamento medio.

118 Es por demás apreciable el lugar que Aristóteles le otorga a la educación, superior, incluso, a los dictámenes de la *Phisis*. De hecho, el filósofo se pregunta: ¿por qué la parte irracional del alma aceptaría subordinarse a la parte racional?, y no vacila en contestar que sin una buena educación encarada desde la más tierna infancia, toda subordinación sería imposible. Cuestión que Aristóteles coteja con los niños pertenecientes a los sectores oligárquicos, quienes pretenden mandar a sus maestros pero nunca obedecer. De ahí que hable de la oligarquía como un poder despótico.

hemos dicho que se compone. Además, los ciudadanos de la clase media son los más estables en las ciudades, porque ni codician lo ajeno como los pobres, ni otros desean lo suyo, como los pobres lo que tienen los ricos, y al no ser objeto de conspiraciones ni conspirar, viven en seguridad. (*Pol.* VI, 11, 1295b)

El extenso párrafo es más que iluminador en lo que respecta a mostrar las pasiones que animan dichos regímenes: envidia y desprecio. Así, Aristóteles no escatima en describir, hoy podríamos decir el *tipo psicológico* del oligarca y el indigente, aspecto ya visto por Platón, para situar en este segundo caso (el indigente), la cuestión de la envidia y la falta de *autoestima* que, por otro lado, no es independiente de una *otredad* vinculada al desprecio. Por ende, Aristóteles concluye que de este modo se obtiene una ciudad de amos y esclavos, pero no de hombres libres. Dicha problemática será recurrente en la Teoría Política Moderna e incluso en la Contemporánea, siendo John Rawls[119] uno de los mayores representantes.

Por lo antedicho, el filósofo elogia a las *poleis* en que el estamento medio es mayoritario, contabilizando entre sus ventajas la de la gobernabilidad y estabilidad que permite semejante condición social. Desde esta óptica es necesario no incurrir en el error, muchas veces generado por algunas traducciones, de equiparar

---

119 Sostiene John Rawls: "el bien primario más importante [es] el del respeto propio. (...) Podemos definir el respeto propio (o la autoestima), en dos aspectos. En primer lugar, como antes lo hemos indicado, incluye el sentimiento en una persona de su propio valor, su firme convicción de que la concepción de su bien, su proyecto de vida, vale la pena de ser llevado a cabo. Y, en segundo lugar, el respeto propio implica una confianza en la propia capacidad, en la medida en que ello depende del propio poder, de realizar las propias intenciones. Cuando creemos que nuestros proyectos son de poco valor no podemos pro-seguirlos con placer ni disfrutar con su ejecución. Atormentados por el fracaso y por la falta de confianza en nosotros mismos, tampoco podemos llevar adelante nuestros esfuerzos. Está claro, pues, por qué el respeto propio es un bien primario. Sin él, nada puede parecer digno de realizarse o, si algunas cosas tienen valor para nosotros, carecemos de la voluntad de esforzarnos por conseguirlas. Todo deseo y toda actividad se tornan vacíos y vanos, y nos hundimos en la apatía y en el cinismo. Por consiguiente, los individuos en la situación original desearían evitar, casi a cualquier precio, las condiciones sociales que socavan el respeto propio (Rawls, 2000: 398-399). Para un análisis de la relación entre el respeto propio, la fraternidad y la igualdad, ver el trabajo de Fernando Lizárraga: *Marxistas y liberales* (2016: 185).

el estamento medio con la clase media, no sólo porque la clase media es una categoría moderna y supone movilidad social, sino porque la propia idea de movilidad social se inscribe en una fuerte ideología del progreso ajeno al pensamiento antiguo. De hecho, la connotación que Aristóteles realiza del estamento medio se sitúa más en una perspectiva del buen vivir que no ambiciona ningún tipo de exceso, su racionalidad es la de la moderación.

Por otro lado, Aristóteles, y en este caso vívido testigo de su propia época, visualiza la dinámica de los estamentos sociales como fuerzas en pugna. Por eso cobra mayor fuerza su afirmación de que el estamento medio debe ser mayor (en términos cuantitativos) que los ricos y los pobres tomados en conjunto o al menos de uno de ellos. Además, tal problema, el de lo cuantitativo, no es ajeno a la determinación de los propios regímenes políticos, pues lo que evitaría la conformación social de la *politeia* es para Aristóteles el peligro de la democracia extrema o la oligarquía pura. Ambas variantes de un determinado tipo de tiranía.

En el capítulo 12 Aristóteles analiza dos principios o criterios constitutivo de toda ciudad. A saber, el elemento cualitativo y el elemento cuantitativo. En los propios términos del filósofo:

> Ahora bien, toda ciudad se compone de cualidad y cantidad. Llamo cualidad a la libertad, la riqueza, la educación, la nobleza, y cantidad a la superación numérica. Es posible que la cualidad se dé en una de las partes que constituyen la ciudad y a cantidad en otra. Por ejemplo, los que no son nobles pueden ser superiores en número a los nobles, o los pobres a los ricos, y sin embargo no ser tan superiores en número como inferiores en cualidad. (*Pol.* VI, 12, 1296b)

Sumado a ello es importante evidenciar cómo de la tensión y desequilibrio (o a veces un delicado equilibrio) entre el aspecto cuantitativo con respecto al cualitativo puede entenderse el dinamismo de lo político, ya sea para poner énfasis en lo cuantitativo o ponerlo en lo cualitativo. Es evidente que lo cuantitativo se sitúa del lado de los pobres, pues aun asumiendo el criterio cualitativo de la libertad, el mismo no es específico de los pobres sino de todos los estamentos que están representados políticamente, y del lado cualitativo, si el criterio es la riqueza, la oligarquía. Razón por la cual, y sin desentenderse Aristóteles de una afirmación prescriptiva, sostiene que el "legislador debe siempre en su gobierno hacerse con la clase media: si establece una constitución oligárquica debe tener en cuenta la clase media; si la establece democrática debe atraerla hacia ésta" (*Pol.* VI, 12, 1296b). No hay duda que la *politeia,* al formarse de los aspectos positivos de la democracia y la oligarquía, nunca puede separarse del todo de tal genealogía, oscilando más hacia una tendencia que hacia otra. No obstante, si seguimos la axiología general con la que el pensador piensa los regímenes políticos, es indudable que la primera forma menos corrupta es la democracia seguida, luego, por la oligarquía. La sutileza del filósofo ha demostrado que el peor tipo de democracia o de oligarquía revierte en tiranía. Por lo que vale decir que, independientemente de la esencialidad del régimen político, Aristóteles también es atento al modo en que se ejerce el poder; justamente esto hace que un determinado tipo de democracia u oligarquía pueda percibirse, también, como tiranía.

Retomando la cuestión de cómo debe orientarse el legislador y su vínculo con el estamento medio, también es crucial que el filósofo está comprendiendo a la política no sólo como un juego de fuerzas estamentales dinámicas, sino también estratégicas, y de ahí la relevancia de contar con un estamento medio mayoritario, tal como ya anticipamos en páginas anteriores.

> Donde la clase media es numéricamente superior a los dos extremos juntas o a una sola de ellas, el régimen puede ser permanente, pues no hay temor de que los ricos se alíen con los pobres para atacarlos: jamás querrán los unos servir a los otros, y si buscan un régimen común no encontrarán otro que éste, pues no podrían soportar el ejercicio alternativo del poder por la mutua desconfianza entre ellos; el árbitro es siempre el más digno de confianza, y el que está en medio es árbitro. Cuanto mejor se combinen los distintos elementos del régimen, tanto más estable será éste. (*Pol.* VI, 12, 1296b-1297a)

Una vez más, Aristóteles hace gala de su realismo. La frase, no carente de cierta ironía, de que, si buscan un régimen en común los ricos y los pobres, el único que cabe es la *politeia*, en tanto se evitaría un mal mayor para ambos, ya que de lo contrario los pobres sufrirían una oligarquía extrema mientras que los ricos una democracia radicalizada. De modo que la combinación de ciertos elementos de la democracia, la oligarquía y la aristocracia y su forma de confluir en la *politeia* puede entenderse como una aristocracia del término medio, si por aristocracia entendemos fundamentalmente un régimen en el que impera la virtud.

Por último, Aristóteles concluye el capítulo 12 con una aguda observación que inevitablemente nos recuerda la recomendación que Maquiavelo esgrime en *El Príncipe*,[120] allí cuando el florentino afirma que el príncipe que quiera conservar su poder, deberá estar más dispuesto a procurar el favor del pueblo que el de los nobles.

> Muchos, incluso los que quieren establecer regímenes aristocráticos, cometen no sólo el error de dar una parte mayor en el gobierno a los ricos, sino además el de engañar al pueblo. Forzosamente llega un momento en que de falsos bienes surge un verdadero mal, pues los abusos de los ricos son un factor más disolvente del régimen que los del pueblo. (*Pol*, VI, 12, 1297a)

En el capítulo 13 Aristóteles ahonda en los artificios con los que se engaña al pueblo, especialmente en las oligarquías y las democracias. Los mismos se resumen en cinco, siendo lo más significativo que todos toman como aspecto central la participación en la asamblea, las magistraturas y los tribunales populares, al tiempo que dichos artilugios son reveladores de cómo eran las prácticas políticas concretas. Los artificios que caen del lado de la legislación oligárquica, en líneas generales, se basan en ser totalmente indulgentes con la no participación de los pobres, por ejemplo, no imponiendo ningún castigo o multa si no participan, y en incentivar a los ricos, incluso con ciertas medidas coercitivas, como el cobro de multas, para que participen. Los artificios que caen del lado de la legislación democrática pueden resumirse en otorgar una paga a los sectores pobres para que participen en la asamblea y no imponer pena alguna a los ricos que no quieran participar. Elogiando por enésima vez al término medio, el Estagirita no vacila en prescribir:

---

120 "El que llega al principado con el apoyo de los notables se mantiene con mayor dificultad que el que accede apoyándose en el pueblo, pues sábese príncipe en medio de otros muchos que se piensan iguales a él, y a los que por ello no puede mandar ni conducir a sus anchas" (Maquiavelo, 2006 [1532]: 32).

De modo que resulta claro que si se quiere una mezcla justa habrá que unir las dos prácticas dando a los unos la paga e imponiendo la multa a los otros, pues así tomarán parte todos, mientras que en el otro caso el gobierno está en manos de una sola clase. (*Pol.* VI, 13, 1297a)

En el capítulo 14 Aristóteles continúa profundizando en asuntos procedimentales intrínsecos a todos los regímenes políticos:

Todo régimen tiene tres elementos, y el legislador concienzudo debe considerar acerca de ellos lo que conviene a la república (...) De estos tres elementos, una cuestión se refiere a cuál es el que delibera sobre los asuntos de la comunidad; la segunda, a las magistraturas (esto es, cuáles deben ser y sobre qué asuntos deben tener autoridad y cómo debe verificarse su nombramiento), y la tercera, a la administración de la justicia. (*Pol.* VI, 14, 1297b-1298a)

A partir de la enumeración de estos tres elementos, Aristóteles se dedica, luego, a desarrollar los aspectos que atañen a la dimensión deliberativa. Claro está que las delimitaciones de quiénes encarnan esa función deliberativa dependerá del tipo de régimen político. Pero lo interesante es que el Estagirita considera que estos tres rasgos anteriormente mencionados constituyen el aspecto estructural tanto de la teoría como de la práctica política. Vayamos, por tanto, a caracterizar la función deliberativa, sin desarrollar el aspecto específico de la deliberación en cada régimen político, dado que ya puede inferirse a partir de lo ya expresado en las páginas anteriores de nuestro escrito, pues lo que nos interesa es mostrar las funciones básicas de toda deliberación política y judicial, independientemente de quiénes las ejercerían dependiendo de los regímenes políticos.

El elemento deliberativo tiene autoridad sobre la guerra y la paz, las alianzas y su disolución, la pena de muerte, de destierro y de confiscación, el nombramiento de las magistraturas y la rendición de cuentas. Forzosamente, o todas estas decisiones se encomiendan a todos los ciudadanos, o todas ellas a algunos (a una sola magistratura, o a varias, o unas a determinadas magistraturas y otras a magistraturas diferentes), o unas a todos los ciudadanos y otras a algunos. (*Pol.* VI, 14, 1298a)

No resulta difícil deducir que la dimensión deliberativa resulta ser la dimensión suprema, incluso puede considerarse la magistratura suprema porque de ella dependen el nombramiento de los miembros de las respectivas magistraturas. Cae de maduro, también, que en una democracia o *politeia* el lugar de la asamblea ocupa un protagonismo más que central, y que el modo de deliberar en una asamblea será cualitativamente diferente a como puede darse la deliberación en una monarquía e incluso en una esfera pública tan limitada como las aristocracias.

En el capítulo 15 el pensador griego se dedica a describir la distribución de las magistraturas. También en este caso lo que se buscarán son los elementos comunes y específicos de las mismas, sin detrimento de las especificidades de los regímenes políticos. Pero un aspecto insinuante de este apartado, según nuestro entender, radica en el propio interrogante de lo que debe llamarse magistratura. En los propios términos de Aristóteles:

> Ni siquiera es fácil determinar a qué cargos debe darse el nombre de magistraturas, porque la comunidad política necesita muchos funcionarios y no debemos considerar como magistrados a todos los que se nombran, sea por elección o por sorteo. (*Pol.* VI, 15, 1299a)

Incluso es sugerente que Aristóteles haga mención a la función sacerdotal y que ésta no pueda entenderse como una magistratura específicamente política. A riesgo de caer en un anacronismo, daría la impresión de que Aristóteles distingue distintas esferas de la realidad.[121] Asimismo, es sugerente observar que es propio de dicho filósofo el no querer quedar atrapado en una cuestión nominalista, por lo que acto seguido introduce una acotación para no perder de vista que cuando hablamos de una auténtica magistratura siempre está en juego la cuestión del poder y la distribución del mismo. Razón por la cual sostiene:

> Pero preferentemente, y hablando en términos absolutos, debe darse el nombre de magistratura a aquellos cargos a los cuales se encomienda el decidir sobre determinadas cuestiones, el juzgar

---

121 Tengamos presente que tanto para la *polis* como para la república romana el tipo de religiosidad que los caracterizaba era la religión civil, pues no había algo más trascendente que la propia esfera de la polis y la república; incluso la existencia de los dioses estaba a su servicio.

y el mandar, sobre todo esto último, porque el dar órdenes es lo más propio de un gobernante. (*Pol.* VI, 15, 1299a)

En el capítulo 16, el último del libro VI, el Estagirita se dedica a estudiar el tema de los tribunales.[122] Nuevamente distingue las funciones que constituyen la esencia de los tribunales del problema de quiénes asumirían dichas funciones dependiendo del de la diversidad de los regímenes político. En este punto es insoslayable la observación de que "Las diferencias que presentan los tribunales se distribuyen bajo tres conceptos: por quiénes están constituidos, de qué cuestiones deciden y cómo son nombrados" (*Pol.* VI, 16, 1300b).

El Estagirita hace referencia a los ocho tipos de tribunales y sus respectivas funciones. El primer tipo de tribunal se refiere a la rendición de cuentas; el segundo a los delitos contra la comunidad; el tercero a los delitos contra la constitución; el cuarto decide acerca de las penas, no sólo para los particulares sino también para los magistrados; el quinto vinculado a los contratos privados importantes, lo cual muestra la importancia que la *polis* ateniense le otorgaba a los emprendimientos privados;[123] un sexto que atiende a los casos de homicidios; el séptimo para el caso de extranjeros que, a su vez, se desdobla en función de que

---

122 Para profundizar en el carácter de las instituciones en el mundo griego se recomienda el artículo de Héctor Álvarez García: "Solón positivizó las leyes civiles y penales, sin embargo, la aportación más relevante y que inició el camino hacia democracia fue la creación de los *dikasterios*: eran tribunales populares formados por ciudadanos que asumieron la potestad jurisdiccional en materia penal y civil, sin perjuicio de que tanto el Consejo del Areópago como el Tribunal de Efetas conservaron sus competencias judiciales. Según Aristóteles, Solón contribuyó a que este poder atribuido al pueblo tuviera mucha repercusión social, al establecer leyes oscuras que provocaron una gran cantidad de litigios resueltos por los ciudadanos. Por otra parte, el Estagirita afirma que concedió a los ciudadanos la potestad de fiscalizar la actividad realizada por los magistrados, que debían comparecer ante los *dikasterios*, lo que fortaleció la posición del pueblo frente a los *eupátridas*, impidiendo que utilizaran el cargo en su propio beneficio" (Álvarez García, 2009: 24).

123 Utilizamos el término privado, pero poniendo énfasis que para el registro de la antigüedad lo relevante y natural es formar parte de una comunidad, diferencia fundamental con respecto a la modernidad en donde lo privado ya forma parte de una axiomática en la que el individuo se ontologiza y la sociedad o estado es percibida como un ente artificial. En tal sentido, sería más específico asimilar lo privado a lo doméstico, especialmente en el punto en que aquella dimensión es condición de posibilidad para lo público.

los litigios se generen entre extranjeros o entre un extranjero con ciudadanos; el octavo y último, un tribunal para contratos de escaso monto. Una vez más es digno de observar cómo determinados tribunales se concentran en asuntos no políticos y económicos. Resta señalar que Aristóteles se dedica a describir quiénes y cómo estarán integrados esos tribunales.

En síntesis, Aristóteles muestra, a partir de la minuciosa diferenciación de los distintos tribunales, desde los más relevantes hasta aquellos que se ocupan de asuntos más cotidianos, el cuidado de la *polis* en preservar las costumbres y las leyes e incluso la obligación de que los propios magistrados no estén exentos de dar cuenta de sus actos, sentando el precedente de una racionalidad política anclada en una esfera pública ante la cual siempre tenemos que dar razones de nuestras acciones.

Consideraciones finales:

Aristóteles, interlocutor vívido de nuestro presente

Quisiéramos retomar una afirmación realizada en nuestra introducción: el carácter que hace de Aristóteles un interlocutor vívido con nuestro presente. Para desplegar el sentido de tal afirmación, al menos es posible señalar algunas potencialidades relevantes inscriptas en los libros trabajados. Pero antes de dedicarnos a ello, no quisiéramos dejar de mencionar, aun a riesgo de incurrir en una trivialidad, que Aristóteles, como todo pensador clásico, no está exento de luces y sombras y que, en gran medida, las mismas solamente pueden ser cabalmente entendidas observando su inscripción epocal y las resonancias con la que cada época leyó a este gigante del pensamiento.

Como parte de esas oscuridades debe contabilizarse el argumento de la justificación natural de la condición humana, que ha posibilitado un crudo esencialismo que puede conllevar, y de hecho lo hizo, la marginalización de varios sectores de la sociedad. En este punto resulta crucial recordar la justificación de la esclavitud por naturaleza y su legitimación del rol esencialmente doméstico de las mujeres, lo que las convertía en seres carentes de derechos políticos.

Sin olvidarnos de todo ello, el objetivo de este escrito ha sido esencialmente mostrar justamente las aristas que pueden ser luminosas del decir aristotélico, como aquella que vincula conceptualmente a la política con la esfera pública, y que en la actualidad se orienta en la búsqueda de una esfera pública mucho más amplia y heterogénea, lo cual, indudablemente, resulta una tarea de la más noble praxis política. Así, muchas son las potencialidades que nos ofrece el Estagirita para pensar nuestra actualidad. Recorramos algunas de ellas:

La primera tiene que ver con cómo Aristóteles concibe a la política y a su *praxis* como la ciencia suprema en el terreno práctico; hecho que puede, en el orden más específico de la condición humana, generar una comunidad que apuesta a potenciar las mejores capacidades del animal humano pensado fundamentalmente como ciudadano. Así, Aristóteles lanzará una de sus célebres frases del libro I, por la que han fluido ríos de tinta, y que en tiempos de neoliberalismo resuena con un eco que no queremos dejar de escuchar: *el fin de la política no es la vida sino el buen vivir.* No obstante, a diferencias de ciertas lecturas contemporáneas que juegan la contraposición entre vida y buen vivir, el Estagirita parte de una visión armónica y complementaria entre el vivir y el buen vivir, pues para que pueda darse el segundo, es necesario que también se asegure el primero. De ahí la articulación, si bien diferenciación, entre lo doméstico y lo público. El registro de la necesidad y el de la libertad, como plus político. Pero de una libertad autónoma en tanto se es parte de una comunidad política que se da a sí misma sus propias leyes. A la vez, es de capital importancia comprender que la política no puede jugarse en un paradigma *biologicista,* como el que luego sustentará Hobbes como el primer gran pensador político moderno. De ahí también la fuerte resonancia del animal humano afectado por la palabra, como diferencia específica, hoy diríamos por el significante, y cómo la palabra es la condición de posibilidad de todo lazo social, condición tanto de la ética, reino del *deber ser,* como de la política.

La segunda, y muy conectado con la primera, gravita en torno de la gran constelación teórica que el Estagirita otorga al pensamiento político. Vale decir, la secuencia que va de la palabra a la deliberación, y de la deliberación a la decisión, en donde palabra y acción constituyen una unidad indisoluble, y en donde la ética adquiere plena realidad en la política, pues como bien dice Aristóteles es más noble conseguir el bien para todos que para algunos. Así, nuevamente se destaca la relevancia de la constitución de un *ethos,* un ethos en donde la deliberación colectiva, como en la *politeia*, cobra un protagonismo mayúsculo.

La tercera, se sustenta en sostener que Aristóteles ya revela una posible tensión que en nuestros días cobra una fuerza inusitada. Se trata de la tensión entre la política y la economía, claro que en Aristóteles la referencia es a la mala crematística. Pero lo cierto es que el Estagirita muestra cómo por la mala crematística, y haciéndonos cargo completamente del anacronismo, todo se convierte en mercancía. La afirmación aristotélica de que el *fin natural de la medicina es curar, y no obtener dinero*, en un contexto actual en donde inmensos sectores de la población están supeditados a la mera lógica de la supervivencia, también es un eco que no podemos dejar de escuchar.

La cuarta, pone énfasis en la claridad con la que Aristóteles muestra que la pregunta por un régimen político siempre conlleva la pregunta por las variables socio-económicas con las que se liga. En otros términos, Aristóteles ha sido el primero, haciéndonos cargo de un nuevo anacronismo, en desarrollar una suerte de sociología política, pues ha vinculado fuertemente el régimen político con la estructura social de la *polis.* De ahí la ponderación del término medio como anudamiento de la política, la ética y la economía.

Haber comentado a Aristóteles, haber dialogado con él en este escrito, nos confirma la potencialidad de la Teoría Política Clásica para mostrar, por caso y con toda claridad, el problema acuciante de la lucha entre ricos y pobres, de la democracia y la oligarquía; elementos conceptuales que no podemos dejar de escuchar en un contexto en donde el poder económico se concentra cada vez en menos manos. Razón por la cual, hoy más que nunca, se hace necesaria la fuerte resonancia aristotélica de seguir pensando y haciendo una política que aloje como vocación el ideal del *buen vivir.*

Bibliografía citada

ABELARDO, Pedro (2002 [1128]) *Conócete a ti mismo*. Madrid, Técnos.

AGAMBEN, Giorgio (1998) *Homo Sacer*. Valencia, Pre-Textos, trad. Antonio Gimeno Cuspinera.

AGAMBEN, Giorgio (2015) *Stasis*. Torino Bollati Boringhieri editore (edición en castellano: *Stasis. La guerra civil como paradigma político. Homo sacer II*, 2. Buenos Aires, Editorial Adriana Hidalgo, Trad. Rodrigo Molina-Zavalía, 2017).

AGUSTÍN (1999 [426]) *La Ciudad de Dios*, XII, 5. Madrid, B.A.C.

ÁLVAREZ GARCÍA, Héctor (2009) "Las instituciones políticas de la democracia ateniense". *Revista de Derecho*. UNED, n. 4.

ARENDT, Hannah (2010) *La condición humana*. Buenos Aires, Paidós.

ARISTOTELES (1798 [~330a.C.]) *Politik und Fragment der Oeconomik*, Erste Abtheilung, Volumen 1, trad. J. G. Schlosser.

ARISTOTELES (1799 [~330a.C.]) *Politik*, übers. v. Chr. Garve, herausg. u. mit Abh. u. Anm. begleitet, Gst. Fülleborn, Breslau.

ASPE ARMELLA, Virginia (1993) *El concepto de técnica, arte y producción en la filosofía de Aristóteles*. México, Fondo de Cultura Económica.

AUBENQUE, Pierre (1999) *La prudencia en Aristóteles*. Barcelona, Crítica.

BERTI, Enrico (2009) *En el principio era la maravilla*. Madrid, Gredos.

BERTI, Enrico (2011) *Estructura y significado de la metafísica*. Buenos Aires, Oinos-Unipe.

BERTI, Enrico (2012) *Aristóteles*. Madrid, Gredos.

BEUCHOT, Mauricio (1985) *Ensayos marginales sobre Aristóteles*, México, UNAM.

BOBBIO, Norberto (2006) *La teoría de las las formas de gobierno en el pensamiento político*. México, Fondo de Cultura Económica.

BORISONIK, Hernán (2013) *Dinero Sagrado. Política, economía y sacralidad en Aristóteles*. Buenos Aires, Miño y Dávila editores.

DE STE-CROIX, Geoffrey Ernest Maurice (1988) *La lucha de clases en el mundo griego antiguo*. Barcelona, Crítica.

EGGERS LAN, Conrado (1996) *Critón*. Buenos Aires, Eudeba.

FIELD, Guy Cromwell (1948) *Plato and his Contemporaries*. Londres, Methuen.

GADAMER, Hans-Georg (1991) *Verdad y Método I*. Salamanca, Sígueme.

GALLEGO, Julián (1996) "Aristóteles, la Ciudad Estado y la Asamblea democrática. Reflexiones en torno al libro III de la Política". *Gerión*, 14, Madrid, Universidad Complutense.

GARCÍA MAYNES, Eduardo (1984) "El político de Platón". *Dianoia*, vol. 30, n. 30.

GARCÍA MERCADO, Miguel Ángel (2008) "El problema de la esclavitud en Aristóteles". *Pensamiento*, vol. 64, n. 239.

GODOY ARCAYA, Oscar (1984) "Aristóteles y la Teoría Democrática". *Revista de Ciencia Política*, vol. VI, n. 2.

GUARIGLIA, Osvaldo (1997) *La Ética en Aristóteles o la moral de la virtud*. Buenos Aires, Eudeba.

GUARIGLIA, Osvaldo (2010) "Democracia: origen, concepto y evolución según Aristóteles". *DOXA, Cuadernos de Filosofía del Derecho*, 33.

GUTHRIE, William Keith Chambers (1992) *Historia de la Filosofía Griega, V: Platón, segunda época y la Academia*. Madrid, Gredos.

HARDIE, William Francis Ross (2010) "O bem final na Ética de Aristóteles". En: Marco Zingano (org.) *Sobre a Ética Nicomaquea de Aristóteles*. São Paulo, Odysseus.

HUBEÑAK, Florencio (1994) "Las relaciones entre Aristóteles y Alejandro Magno", *Stylos* n. 3 [en línea: <http://bibliotecadigital.uca.edu.ar/repositorio/contribuciones/relaciones-aristoteles-alejandro-magno.pdf>].

IRWIN, Terence Henry (2010) "A Felicidade Permanente: Aristóteles e Solón". En: Marco Zingano (org.) *Sobre a Ética Nicomaqueia de Aristóteles*. São Paulo, Odysseus.

JÄEGER, Werner (1996) *Paideia: los ideales de la cultura griega*. México, Fondo de Cultura Económica.

KANT, Inmanuel (1984 [1793]) *Teoría y Praxis*. Buenos Aires, Leviatán.

LACLAU, Ernesto (2016) *La razón populista*. España, Fondo de Cultura Económica.

LIZÁRRAGA, Fernando (2016) *Marxistas y liberales. La justicia, la igualdad y la fraternidad en la teoría política contemporánea*. Buenos Aires, Biblos.

LUDUEÑA ROMANDINI, Fabián J. (2006) *Homo oeconomicus. Marsilio Ficino, la teología y los misterios paganos*. Buenos Aires, Miño Dávila editores.

LUDUEÑA ROMANDINI, Fabián J. (2015) "La peste de Atenas: la guerra y la *Polis* entre la política antigua y moderna. Un comentario sobre la 'stasiología' de Giorgio Agamben". *Anacronismo e Irrupción*, vol. 5, n. 9. Buenos Aires, IIGG.

MACPHERSON, Crawford B. (2005) *La teoría política del individualismo posesivo*. Madrid, Trotta.

MAQUIAVELO (2006 [1532]) *El Príncipe*. Buenos Aires, Prometeo libros.

MARESCA, Silvio; MAGLIANO, Roberto y ONS, Silia (2006) *Placer y bien. Platón. Aristóteles. Freud*. Buenos Aires, Biblos.

MARÍAS, Julián (2012) *Introducción a la filosofía*. Alicante, Biblioteca Virtual Miguel de Cervantes.

MARX, Karl (1975 [1867]) *El Capital*, México, D. F., Siglo XXI editores, T. I, Vol. 1, Libro primero.

MIGUENS, José Enrique (2001) *Comunitarismo y Democracia en Aristóteles*. Buenos Aires, El Ateneo.

MOREAU, Joseph (1969) "Aristote et la monnaie". *Revue des Études Grecques*, n. 82/2.

MOREAU, Joseph (1972) *Aristóteles y su escuela*. Buenos Aires, Eudeba.

NUSSBAUM, Martha C. (2003) *La fragilidad del bien*. Madrid, A. Machado libros, La balsa de medusa.

OWEN, Gwilym Ellis Lane (2010) "O desencontro entre A e B". En: Marco Zingano (org.) *Sobre a Ética Nicomaqueia de Aristóteles*. São Paulo, Odysseus.

RANCIÈRE, Jacques (1996) *El desacuerdo.* Buenos Aires, Nueva Visión, trad. Horacio Pons.

RANCIÈRE, Jacques (2006) *El odio a la Democracia.* Buenos Aires, Amorrortu.

RAPP, Christof (2010) "Para que sirve a doutrina aristotélica do meio termo? En: Marco Zingano (org.) *Sobre a Ética Nicomaqueia de Aristóteles.* São Paulo, Odysseus.

RAWLS, John (2000) *Teoría de la justicia.* México, Fondo de Cultura Económica.

RIEDEL, Manfred (1976) *Metafísica y metapolítica*, Buenos Aires, Alfa.

ROBINSON, Richard (2010) "Sobre a akrasia em Aristóteles". En: Marco Zingano (org.) *Sobre a Ética Nicomaqueia de Aristóteles.* São Paulo, Odysseus.

ROMÁN, Maximiliano (2011) "El problema del poder en la obra de Étienne de la Boétie". *Philosophia* 71.

ROMERO, José Luis (1999) *Estudio de la mentalidad burguesa.* Buenos Aires, Alianza.

ROSSI, María José (2007) "Sobre la sutil articulación de Metafísica y Política en Aristóteles". En: Miguel Ángel Rossi (comp.) *Ecos del Pensamiento Político Clásico,* Buenos Aires, Prometeo.

ROSSI, Miguel Ángel (1999) "Agustín: el pensador Político". En: Atilio Borón (comp.) *Teoría y Filosofía Política. La tradición clásica y las nuevas fronteras*, Buenos Aires, Clacso-Eudeba.

ROSSI, Miguel Ángel y TIERNO, Patricio (2009) "A Dimensão Econômica da teoría política aristotélica". *Lua Nova*, São Paulo, 77: 179-204.

ROSSI, Miguel Ángel; BORISONIK, Hernán y MANCINELLI, Elena (2014) "Modos de articulación entre política y economía en el pensamiento de Aristóteles: divergencias con la hermenéutica arendtiana". *Dianoia,* vol. LXIX, n. 73.

ROUSSEAU, Jean-Jacques (2012 [1762]) *Del contrato social*, Madrid, Alianza, trad. Mauro Armiño.

SEN, Amartya (1989) *Sobre Ética y Economía.* Madrid, Alianza.

SOMARANCH KIRNER, Francisco (1999) *El Saber del deseo.* Madrid, Universidad Nacional de Educación a Distancia, Trotta.

THIEBAUT, Carlos (1988) *Cabe Aristóteles.* Madrid, La balsa de Medusa, Visor.

TIERNO, Patricio (2007) "Ética y Política en Aristóteles: Bien Humano, Zóion Politikón y Amistad". En: Miguel Ángel Rossi (comp.) *Ecos del Pensamiento Político Clásico,* Buenos Aires, Prometeo.

TIERNO, Patricio (2008) *Aristóteles: la teoria política de la constitución y la deliberación,* versión ampliada en español de la Tesis de Doctorado en Ciencia Política, Departamento de Ciencia Política, Universidad de São Paulo.

VERGNIÈRES, Solange (2003) *Ética e Política em Aristóteles*, São Paulo, Paulus.

WOLF, Francis (1999) *Aristóteles e a Política*, Discurso Editorial: São Paulo.

FINIS.

Compuesta y diseñada en Suipacha, Provincia de Buenos Aires, por Gerardo Miño, esta edición se terminó de imprimir en septiembre de 2018 en los talleres de Imprenta Dorrego, ubicados en Av. Dorrego 1102, Ciudad Autónoma de Buenos Aires, Argentina.

www.ingramcontent.com/pod-product-compliance
Lightning Source LLC
Chambersburg PA
CBHW032112280326
41933CB00009B/810